*Hexen-Prozesse
aus dem 17. Jahrhundert*

*Mit höherer Genehmigung
aus dem
Archiv des Königlich Hannoverschen Amtsgerichts Diepholz
mitgetheilt von dem
Amtsrichter Dr. Wilhelm
zu Diepholz*

Inhalt

Ahlke Bornemann, zu Diepholz 11

Dorothea Hoffmeister zu Willenberg 23

Sander Rövekamps Ehefrau 61

Geesche Metten Othlings 79

Die Bestrafung der Wittwe Catharine Wöhler (Kuhlmann) zu Drebber, wegen an sich selbst versuchter Wasser-Probe, um sich von dem Verdacht der Hexerei zu befreien. 85

(1707) 85

Der Glaube an Zauberei und Hexerei — unter welcher letzteren die Thätigkeit weiblicher Zauberer unter dem speciellen Einfluß des Teufels verstanden ist — schreibt sich aus dem hohen Alterthum her, ist aus Asien und Aegypten, dem Lande der Magier, zu uns gekommen und wol hauptsächlich durch Zigeuner und sonstige einwandernde Fremdlinge unter uns verbreitet. Sie sind es, die nicht selten noch heutiges Tages solche Praktiken üben und unsere arglosen Bauerfrauen mit ihren Geheim-Mitteln gegen Zauberer und Hexen durch Besprechen des kranken Menschen und Viehes, Bekreuzen der Thürpfosten, Bestreichen der Thürschwellen rc. berüden und durch allerlei Vorspiegelungen in Verlust und Schaden bringen. Sie verbreiten noch heute zu Tage gern den Glauben an übernatürliche Kräfte und zugleich die Mittel dagegen in ihrem wohlverstandenen Interesse. Jener Glaube, welcher sich durch das Volksleben der, für denselben besonders empfänglichen, Deutschen wie ein schwarzer Faden hindurchzieht, fand seinen Höhepunkt im 15., 16. und 17. Jahrhundert zu jener Zeit, wo die finstern Mächte sich desselben bedienten, um ihre unsauberen Zwecke zu erreichen, die Menschheit in Aber- und Unglauben zu erhalten und ihren Geist und ihre Sinne zu bethören. Daß ihre Bestrebungen von gänzlichem Erfolg gekrönt gewesen, geht daraus hervor, daß der Glaube an Zauberer und Hexen nicht nur in den untersten Schichten des Volks allgemein verbreitet worden, sondern daß auch alle übrigen höher stehenden Volksclassen, als Kaufleute, Gewerbtreibende, ja selbst Richter und Geistliche ihm anhingen, und daß sogar Kaiser und Reich, wie die peinliche Halsgerichts-Ordnung vom Jahre 1532 beweiset, die Träger der Wissenschaften, die Professoren der Universitäten, sich ihm nicht entziehen konnten, und die Spruch-Collegien auf den Hochschulen die Zauberei und Hexerei als ein positives Verbrechen ansahen und Zauberer und Hexen zur vermeintlichen Verbesserung der menschlichen Gesellschaft mit dem Feuer vertilgen ließen.

Wenn in jenen finstern Zeiten die Geistlichen in den Klöstern Künste und Wissenschaften übten und beförderten, wenn sie aus den griechischen und römischen Schriftstellern Weisheit und Humanität erlernten, ihre eigenen Ansichten also über menschliches Wissen und Satzungen und alles Natürliche ausklärten, zu gleicher Zeit aber im Eifer für die heil.

Inquisition Zauberer und Hexen gleich wie die Ketzer verfolgten, so kann man sich nicht des Zweifels erwehren, daß sie wenigstens nicht eine richtigere Einsicht von der Sache hätten haben sollen. Vielmehr muß man annehmen, daß sie in ihrer Verfolgungs-Wuth gegen solche vermeintliche Missethäter nur das Interesse, die Macht und das Ansehen der allein seligmachenden Kirche und damit zugleich ihr eigenes zu fördern suchten, indem sie wohl berechneten, daß dieß eins der wirksamsten Mittel war, das Volk zu bestricken. Das war die Zeit, wo die Mauern der Folterkammern und die Scheiterhaufen von dem Angstgeschrei oft unschuldig Verfolgter wiederhallten, wo menschliches Gefühl und menschlicher Verstand gebunden waren, daß man die Wahrheit nicht von Lug und Trug unterscheiden konnte, und der Mensch, schlimmer als das Thier, sein eigenes Geschlecht unbarmherzig verfolgte und vernichtete. Aus jenen Zeiten schreiben sich die Begebenheiten her, über welche in der folgenden Darstellung der Vorhang ausgerollt werden soll. Es sind keine Produkte der Phantasie eines Dichters für die Kunstbühne, sondern es sind Begebenheiten, welche auf dem Grund und Boden, welchen wir betreten, in den Häusern, welche wir bewohnen, und in den Gerichtssälen, in welchen wir noch jetzt Recht und Gerechtigkeit üben, wirklich und wahrhaftig sich zugetragen haben. Und wenn der Verfasser dieses Aufsatzes darüber in Zweifel war, ob Thatsachen, gegen deren Erzählung die Feder sich sträubt, den Zeitgenossen mitzutheilen seien, ohne befürchten zu müssen, ihr menschliches Gefühl allzusehr zu verletzen, so ward doch dieser Zweifel durch die Erwägung beseitigt, daß solche Mittheilung für die Beurtheilung früherer Zustände gerade unserer engeren Heimath für die Vergleichung unserer jetzigen mit der Vorzeit von Werth sei, und daß hinwiederum das Bewußtsein, aus der Finsterniß zum Licht hindurchgedrungen zu sein, und jene Zeiten eines, von Aberglauben verblendeten, Fanatismus verlassen zu haben, erhebend wirken werde.

Es dürften auch aus dieser Darstellung folgende Wahrheiten und Betrachtungen sich ergeben.

1, Die Entwickelung des menschlichen Geistes geht wie die aller Dinge seit der Schöpfung ihren ruhigen Gang und selbst bedeutende Katastrophen und menschliche Bestrebungen aller Zeiten haben diesen Gang auf die Dauer nicht zu unterbrechen vermögt, sind ihrerseits vielmehr jener Entwickelung diensam gewesen.

2, Die Vergleichung der Gegenwart mit der Vergangenheit läßt uns das Glück lebhaft fühlen, unter dem Schutz einer humanen Regierung und aufgeklärter Richter zu stehen, die den Verbrecher zur Verantwortung und Strafe ziehen, die Unschuld aber vor Verfolgung und Nachtheil schirmen, die jetzt dem unseligen Glauben an Zauberei entgegentreten und den strafen, der sich desselben zu Lug und Trug bedienet.

3, Dieses Bewußtsein soll uns jedoch in unserer Ruhe nicht sicher machen, sondern wir sollen wachen, daß Verfinsterung der Geister, Aberglauben und Unglauben nicht wieder festen Fuß unter uns fassen, sondern jedermann soll, so viel in seinen Kräften steht, zu ihrer Abwehr beitragen.

Zum besseren Verständniß der nachfolgenden Untersuchungs-Sachen wird an folgende rechtshistorische Thatsachen erinnert.

Die Grundform des römischen Criminal-Prozesses war der Privat-Anklage-Prozeß mit dem Prinzip der Mündlichkeit und nicht ausgeschlossener Öffentlichkeit. Doch ist schon im neueren römischen Recht die Nothwendigkeit einer amtlichen, das öffentliche Interesse mehr in's Auge fassenden, Verfolgung gewisser Verbrechen durch einzelne Vorschriften anerkannt.

Das canonische Recht kennt zunächst nur den accusatorischen Prozeß, bald schon modificiret hinsichtlich der Ercesse der Geistlichkeit und der kirchlichen Delikte der Laien durch das Official-Verfahren, daher das Institut der Synodal- oder geistlichen Send-Gerichte. Dieses Verfahren ging über in den Inquisitions-Prozeß (inquisitorisches Verfahren ohne Ankläger) neben dem Anklage-Prozeß.

Das ältere deutsche Straf-Verfahren war der Regel nach accusatorisch, mündlich und öffentlich mit rein formellem Beweis (Eid des Klägers oder Verklagten, bekräftigt durch den Schwur der Eideshelfer, in subsidium Gottes-Urtheil — Ordale).

Der canonische Inquisitions-Prozeß wurde mit der, durch die Praxis der weltlichen Gerichte in Italien dazu gebrachten, Tortur in den weltlichen Gerichten Deutschlands allmählig während des 14. und 15. Jahrhunderts recipiret. Die Bambergensis von 1507 — mater Carolinae — art. 10—16 und die Carolina art. 6—10 bestätigen bereits den Inquisitions-Prozeß.

Im übrigen regelt die Carolina nur den Anklage-Prozeß, wobei sie jedoch dem Gerichte vielfach eine, aus Erforschung der Wahrheit gerichtete, officiale Thätigkeit vorschreibt. Z. B. art. 47. Durch Anordnung einer schriftlichen Aufzeichnung der Gerichtsverhandlungen, wie insbesondere auch durch die vielfache Vorschrift des s. g. richterlichen Rathsuchens (spätere Acten-Versendung) begründet sie das schriftliche Verfahren, jedoch mit mündlicher Schluß-Verhandlung — beim s. g. endlichen Rechttage art. 78 seq., wovon in neuester Zeit ein Überbleibsel, das hochnothpeinliche Halsgericht bei Vollziehung von Todesstrafen.

Sie verwirft den älteren formellen Beweis und läßt nur materiellen Beweis zu, insbesondere durch Geständniß und Zeugniß, verbietet auch jede Verurtheilung zu peinlicher Strafe auf Indicien oder künstlichen Beweis, art. 22. — Die freiwillige Bestätigung des, durch die Folter erlangten, Geständnisses nach 2 oder 3 Tagen heißt: „Urgicht."

Die Carolina verlangt, daß jedes Criminal-Gericht mit einem Richter, mit mindestens zwei Urtheilern (Schöffen — Urtheilsfinder — scabini) und einem Gerichtsschreiber besetzt sein soll.

Die Folter hat ihren Ursprung im römischen Recht. Schon zur Zeit der römischen Republik bestand die publica quaestio, insbesondere das Foltern der Sclaven des, in seiner Wohnung gewaltsam gemordeten, Herrn, so wie das Foltern anderer personae humiliores (I. pr. § 25. D. ad Sctum Silan. — tit. D. de quaesti-onibus).

Dem canonischen Recht ist die Tortur unbekannt. Dieselbe bestand jedoch in der Praxis der s. g. Ketzer-Inquisition, so wie der, davon verschiedenen, spanischen Ketzer-Inquisition, welche letztere zugleich politische Anstalt war.

Seit der zweiten Hälfte des 13. Jahrhunderts wurde mit dem Inquisitions-Prozeß auch der römischen Tortur in den weltlichen Gerichten Italiens und anderer Länder Aufnahme zu Theil. Nach der Carolina sollte die Folter lediglich das Mittel sein, den unvollständigen Beweis bis zum vollständigen (durch Geständnis) zu steigern. Wenn sich demnach die Absicht dieses Gesetzes, der mißbräuchlichen Anwendung der Folter entgegenzuwirken, nicht verkennen läßt, so ist solches dennoch durch die gedachte Vorschrift nicht erreicht worden, wie namentlich die, bis in das 18. Jahrhundert hineinreichenden, Hexen-Prozesse mit ihren Grausamkeiten beweisen.

Über die Arten, Werkzeuge, Grade und Dauer der Folter enthält das Gesetz auffallender Weise keine besonderen Bestimmungen. Die Praxis beschränkte die Dauer auf höchstens Eine Stunde und unterschied nach der Größe der Qualen und Beschaffenheit der Folter-Werkzeuge drei Grade der Folter.

In Deutschland wurden als Folter-Werkzeuge angewendet: die Daumschraube, die Schnüre (zum Zersägen des Muskelfleisches an den Armen und Beinen); die Beinschraube (spanischer Stiefel), die Leiter (zum Ausspannen des Körpers).

Die Territion bestand in einer bloßen Androhung der Folter unter Vorzeigung der Instrumente.

Die, in den nachfolgenden Untersuchungs-Sachen immer wiederkehrende, Wasser- oder Hexen-Probe kommt in dem Gesetz als Beweis-Mittel nicht vor, scheint aber in der Praxis als Indicium (vielleicht als Überbleibsel der Ordalien) regelmäßig zugelassen zu sein. Das Vertrauen zu der Unfehlbarkeit der Wasser-Probe hängt, nach den Andeutungen in den Acten, mit der symbolischen Bedeutung des Wassers in der heil. Taufe zusammen, wodurch auf die Reinigung von Sünden hingedeutet wird. Wies das Wasser die s. g. Hexe von sich, d. h. schwamm sie oben, so galt dieß als Schuld-Anzeige. Sank sie unter, so ward sie für unschuldig angesehen.

Der eigentliche Hexen-Prozeß mit Anwendung der Folter ward im Jahr 1484 durch eine Bulle des Papstes Innocenz VIII. förmlich in Deutschland eingeführt. Sowol die Bambergische Hals-Gerichts-Ordnung wie die peinliche Hals-Gerichts-Ordnung Kaiser Carl's V. haben für die Zauberei — mit welcher sie jedoch das Verbrechen der Vergiftung (Jemanden mit Venen [venenum] vergeben) nicht zusammenwerfen (Carolina art. 130) — die Strafe der Verbrennung festgesetzt. Der Criminal-Prozeß gegen Zauberer richtet sich nach den allgemeinen Regeln, nur daß einige Indicien auch für dieses Verbrechen besonders angezeigt sind. Übrigens war, wie schon oben angedeutet, der Hexenglaube allmählig mit der Volks-Anschauung so sehr verwachsen, daß, als Chr. Thomasius im Jahre 1701 vor allen zuerst diesen Aberglauben seiner Zeit zu bekämpfen begann, er die größten Anfeindungen zu überwinden hatte.

Was nun die Form der Mittheilung der folgenden Untersuchungs-Verhandlungen betrifft, so hat man es als dem, bereits oben angedeuteten, Zweck dieses Aufsatzes am meisten entsprechend erachten müssen, die Verhandlungen so viel wie möglich actenmäßig wiederzugeben. Es sind deshalb die Actenstücke, mit Übergehung der unwesentlichen und unleserlichen, in chronologischer Ordnung und, so weit es die Verständlichkeit gestattete, in ihrer ursprünglichen Fassung und Ausdrucksweise mitgetheilt. Manche derselben tragen im Original weder Datum noch Unterschrift. Die Acten sind ferner nicht überall vollständig. Insbesondere finden sich über die Vollstreckung der Urtheile, selbst der Todes-Urtheile, dem damaligen summarischen Verfahren gemäß, keine oder keine genügende Documente vor, indem entweder Registraturen, Berichte rc. darüber nicht verfaßt, oder solche Actenstücke zur kurzen Hand an die Oberbehörde eingesandt sein werden.

Übrigens wird die Wiedergabe einzelner Nummern in ihrer Ausführlichkeit durch den Zweck der Veröffentlichung selbst gerechtfertigt erscheinen.

Schließlich wird darauf aufmerksam gemacht, daß, dem damaligen Gerichtsgebrauch und den ergangenen Instructorien gemäß, die Untersuchungs-Acten jedesmal an die Juristen-Facultät der vormaligen benachbarten kurhessischen Universität Rinteln zum Spruch versendet, und von selbiger die Urtheile erlassen sind. Von Begnadigungs-Gesuchen und etwa ergangener Begnadigung der Verurtheilten ist in den Acten keine Spur zu finden, weshalb anzunehmen ist, daß die Urtheile in gesetzlicher Strenge vollzogen sind. Acten, aus welchen die vorliegenden Untersuchungs-Verhandlungen hätten ergänzt werden können, sind, eingezogener Erkundigung nach, in den Registraturen der Königl. Obergerichte zu Celle und Hannover nicht mehr vorhanden.

No. I.

ACTA INQUISITIONIS

câ

Ahlke Bornemann, zu Diepholz
in pcto criminis magiae
(1652)

act. no. I.
(Anzeige)

Extractus protocolli, was die anno 1645 Zauberei wegen eingezogene Pauline Schröder von Ahlke Bornemann bekannt und ausgesaget.

Vorgestern von Mittwoch auf den Donnerstag wäre ihre Lehrmeisterinn Cath. Mormann des Nachts zu ihr gekommen, hätte sie aus vorher genommene, Abrede zum Tanze gefordert, bei der Hand genommen, und mit sich auf den Zimmerplatz geführet, daß sie nicht gewußt, wie ihr geschehen oder sie über das Wasser gekommen. Bei ihrer Ankunft hätte sie gefunden in Gestalt eines langen Mannes den Teufel, der vorn an getanzt, dem hätte gefolgt N. N. mit ihrer Tochter N. — N. N. und deren Tochter N. — sie, — Bekennerinn und ihre Lehrmeisterinn Catharine, darauf Ahlke Bornemann mit ihrer Tochter Anna und deren Tochter Tochter Anna, und wäre dieß ungefähr zwischen 9 und 10 Uhr geschehen, da eben Cord Fischvogt von Lembruch sein Schiff an der Brücke stehen lassen, und zu Fuß in Diepholz gehen wollen, den der Teufel in Menschen-Gestalt angesprochen, diesem Spiel beizuwohnen und hätte obengenannte Ahlke Bornemann ihn angefaßt und halten wollen. Weil er sich aber aus Gott verlassen, hätte ihm nichts geschehen können.

Daß Cord Fischvogt Vorbeschriebenes begegnet, hat er bekennet und geklaget, die Personen aber nicht genennet, sondern vorgegeben, er hätte sie nicht gekannt.

in fidem extr.

N. N.

act. no. 2.
(Zeugenverhör und Konfrontation)

Actum Diepholz 23 Juli 1652
Responsiones ad articulos inquis

TEST. 1.

Johann Meyering vom Willenberg
Etwa vor 13 Jahren sei seine erste Ehefrau in der Pest gestorben, aber wie er etwa vor 8 Jahren sich zum andernmal wiederverheirathet, und eine Tochter mit derselben Frau gezeuget, so 1 ½ Jahr alt geworden, wäre Beklagtinn in sein Haus gekommm, und begehret, er mögte ihr den Zehnten von ihrem Lande holen und in der Herrn Vorwerk fahren, bei solcher Gelegenheit hätte sie dem Kinde ein Stück Stuten oder Wecken gegeben, davon dasselbe gegessen, und wäre alsobald krank worden, und in den fünften Tag gestorben. Sobald es kalt gewesen, sei es an der linken Seite schwarz und blau geworden, daß die Aeltern daraus nichts anderes schließen können, sie hübe dem Kinde was Böses eingegeben.
Beklagtinn negat, sie sei nicht in seinem Hause gewesen, den Zehnten zu fahren nicht begehret, noch dem Kinde Stuten oder Wecken gegeben.

TEST. 2.

Ludeke König vom Willenberg
Harm Müller habe Joh. von der Horst und seine Ehefrau nebst Ahlke Bornemann bei sich zur Heuer im Hause. Die Frau von der Horst sei gesund und wohl zufrieden gewesen, wie sie und ihr Mann in das Haus gezogen, und könne er nichts mehr davon sagen, als daß sie nach der Zeit, wie die von der Horst und Beklagtinn Ahlke Bornemann, ihres gerotteten Linnens halber sich gescholten, alsofort Schmerzen an dem linken Schenkel empfunden; da habe fit zu Zeugen gesagt, er mögte doch zusehen, ob sie etwa den Schenkel verrücket. Da habe er darnach gesehen, und befunden, daß sie im Gelenke keinen Mangel gehabt. Sonst rief und schrie sie vor großen Schmerzen Tag und Nacht; der von der Horst vermeine, sie habe seine Frau bezaubert.
Ahlke sei, so lange sie allhier zu Diepholz gewesen, für eine Hexe ge-

halten und hätte Pauline Schröder ja vor etlichen Jahren ausdrücklich auf sie bekannt, wie sie Gerd Fischer um das Leben bringen wollen.

TEST. 3.

Harm König vom Willenberg
Vor 6 oder 7 Jahren sei Ahlke Bornemann in seines Vater-Bruder Haus, wie derselbe Kindtaufe gehalten, zu ihm gekommen und gesaget: Harm, ich will Dir Deiner Mutter Gesundheit zutrinken! — und hätte ihm drei Löffel voll Branntwein gegeben, die hätte er eingenommen. In derselben Stunde, wie er in die Kirche gegangen, wäre er so krank geworden, daß er zu Hause gehen und sich niederlegen müssen; hätte unglaubliche Schmerzen in den Gliedern gehabt, daß er schreien und rufen müssen, daß es die Nachbarn hören können. Es wäre ihm in dem Hals hinaufgekrochen, als ein Wurm, daß er nicht reden können; wenn aber die Leute darnach gegriffen, wäre es wieder weggewesen. Wie nun der Vater einen Quacksalber um Rath gefraget, habe er ihm was eingegeben, welches schwarze Materie wie Wagenschmier von ihm getrieben; er wäre aber nach wie vor krank geblieben und annoch in dieser Stunde werde es ihm oft, als wenn er unsinnig wäre.

TEST. 4.

Dietrich unter den Eichen aus Diepholz
Die Beklagtinn und ihre Gehülfen haben ihm und seinem Bruder Gerd eilf starke Pferde umgebracht.
Vor etlichen Jahren, wie Nienburg von den Kaiserlichen belagert, hätte die Gefangene aus dem Grashose Hemtewede, wie denselben der Holzvoigt Berend Schröder gepachtet gehabt, und Kind-taufe gehalten, und sie unter anderen Gästen mit da gewesen, einen hölzernen Becher mit Bier in der Hand gehabt, und etliche male mit der Hand auf den Becher geklopft, hernach auf den Tisch niedergesetzt und weggegangen. Da wäre Joh. Bensemann zu Eilsen wohnhaft dazu gekommen, hätte den Becher genommen, und ausgetrunken. Da wäre er von Stund an krank geworden und wäre ihm der Leib so dick aufgelaufen, als wenn er bersten sollen. Da hätten ihm die Leute Theriac und Einhorn eingegeben, da wäre ihm eine Materie, die ganz weiß und wie ein Daumen dick wie

Sehnen oder Haarwachs wieder aus dem Leibe gekommen, da wäre es etwas besser geworden, und habe Zeuge und seine Ehefrau dieß mit Augen angesehen.

Seine Anverwandte Pauline, seiner Ehefrau Bruder Tochter, habe es oft selber erzählet, daß Gefangene sie dasmal mit verführt, und aus dem Tanze auf dem Zimmerplatz allhier vor dem Hause bei sich gehabt, neben Catharine Mormann, der alten Amtmanninn und anderen ihrer 9 zusammen, so Pauline oft genannt und vom sel. Amtmann Conrad von Drebber verzeichnet. Gerd Fischer aus Lembruch, der die Nacht zu Schiff die Lohne herunter fahren gekommen und in's Flecken gehen wollen, hätte sie alle gesehen und, wie ihn eine davon angegriffen, da hätte er: o Jesu! o Jesu! gerufen, da hätte sie ihn losgelaffen und er, Fischer, hätte ihr einen schwarzen Flohr vom Halse gerissen und denselben halb auf die Planke vor der Amtmanninn Haus gehangen, da er 4 Tage gehangen, halb aber bei sich behalten.

TEST. 5.

Gerd unter der Eichen von Willenberg

Die Beklagtinn sei allezeit, so lange sie zu Diepholz gewesen, verdächtig gewesen. Denn schon vor 11 Jahren, wie Zeuge bei ihr im Hause gewohnt, hätte sie oft verborgene Dinge offenbaret. Auch wenn die Nachbarn die Contribution zusammen gesammelt und auf der Gassee wegen Belegung der Mannschaft, wie viel ein jeder geben müsse, geredet, hätte sie bei dem Feuer im Hause fitzend alles wissen und sagen können, was die Leute auf der Gasse und von wem sie redeten. Daß sie die von der Horst bezaubert, sage Jedermann; er, Zeuge, aber wisse es nicht; Gott wisse es. Aber das Spectakel sei da, das linke Bein sei ihr so dick, daß es bersten wollte, und sei nicht blau oder roth, sondern ein Bein sei wie das andere und habe Zeuge selber in dem linken Bein auch eben so einen Schaden gehabt. Ob sie es gethan, wisse er nicht. — Sie hätte Zeugen vor 5 Jahren 6 starke Pferde und 5 Kuhrinder, und seinem Bruder Dietrich noch 5 starke Pferde todt gezaubert. Sie hätten etliche Pferde aufhauen lassen, die hätten im Herzen rothe Schlangen gehabt, die Köpfe als Quappen gehabt, den Mund weit offen und etliche darunter wären Ellenlang gewesen. Die Pferde hätten sich gestellt, als wenn sie vom tollen Hund gebissen, das Maul aufgehalten, und recht auf die Leute zugelaufen. Die

Pferde hätten eine Kröte im Herzen gehabt, die alles Blut aus dem Herzen hätten hinweggesogen, daß das Herz ganz dürre gewesen.
Catharine Mormann und diese Ahlke hätten seiner Wase das Zaubern gelehret, das hätte sie Zeugen oft bekannt.

TEST. 6.

Johann Harlappe vom Willenberg
Wie seine Frau krank geworden, hätte man ihm gerathen, er sollte seine Ehefrau nach Wildeshausen bringen, da würde er Rath bekommen. Darauf hätte er sie nach Wildeshausen zu Papenkampf gebracht; derselbe hätte gesagt, ihr wäre in dem Hause, da sie zuletzt gewesen, dieser Schaden angethan, hätte ihm in einer Tute was mitgegeben, davon er ihr täglich zweimal eine Messer-Spitze voll eingegeben, davon wäre es besser geworden; habe aber annoch zum öfteren große Schmerzen. Es wäre aber seine Frau das letzte mal in der Inhaftierten Hause gewesen und allda hätte sie es bekommen. actum ut supra.

act. no. 3.
(Instructorium)

Unser rc.

Euer Bericht wegen des allda gefangen gehaltenen Weibes, so der Hexerei beschuldigt wird, ist vernommen und seint die überschickten Acten hiebei hinwieder befindlich.
Begehren darauf anstatt Serismi unsers gnädigen Fürsten und Herrn wir hiemit, Ihr wollet die summarisch abgehörten Zeugen anderweit vorfordern, ihnen die Warnung des Meineides und den Zeugen-Eid Vorhalten, solchen Eid abstatten lassen, darauf ihre Aussage mit Fleiß denselben wiederholen und zu Gemüth führen und ob sie bei allem also verblieben oder was sie dabei eidlich zu ändern haben, anzeichnen, darauf die inhaftierte Person ferner gütlich vernehmen, ihr Bekänntniß ebener gestalt protocolliren, auch in ihrem Hause und bei ihrem Geräthe, ob verdächtige Sachen, deren sie zu der beschuldigten Hexerei sich bedienet, dabei vorhanden, mit Fleiß nachsuchen, gleichergestalt verzeichnen; die Verzeichniß den actis beilegen, und dieselben darauf an eine unabgelegene

Juristen-Facultät zu einholender Urtheil und Belehrung, wie ferner mit der Gefangenen zu verfahren, und die acta verschlossen anhero übersenden, unterdessen aber die Gefangene in guter Verwahrung bleiben lassen, auf diejenigen, deren in actis gedacht, daß sie zu Nachweifern gangen und sich der Ursache ihrer Krankheit erkundiget, mit gebührlicher Strafe belegen und ansehen, damit sie sich dessen hinsüro enthalten.

Daran geschieht Sr. Fürstl. Sernssimi hochvermeldete gnädige Meinung und wir seint Euch freundlich zu dienen geneigt. Datum Zelle den 3 Aug. anno 1652.

Fürstl. Br. Lüneb. Stadthalter,
Vice-Cantzler und Räthe daselbst

N. N.

act. no. 4.
(Zeugen-Verhör und Verhör der Angeklagten)

Protocollum u.
Dienstag den 10 August 1652 sind auf einkommenen Befehl — nachbenannte Zeugen wiederum vorbeschieden, auf vorgehende Verwarnung vor dem Meineide mit nachgesetztem Zeugen-Eid belegt.

Ihr sollet schwören rc. rc. und haben daraus deponiret, wie folgt.

TEST 1. 2. 3.

wiederholen ihre früheren Aussagen und haben denselben nichts Erhebliches mehr hinzuzusetzen.

TEST. 4.

sagt aus: daß seine Wase Pauline Schröder, welche ihm das Erwähnte offenbart, leider zu der Zauberei verführt und darum eingezogen, aber ihrer Jugend wegen des Landes verwiesen worden, wiederholt im übrigen seine frühere Aussage.

TEST. 5.

wiederholt gleichfalls seine frühere Aussage und giebt noch an: seine Schwägerinn Pauline Schröder, welche in seines Vaters Hause erzogen und hernach von ihrer Magd Catharine Mormann leider! zur Hexerei in der Jugend verführet worden, hätte es ihm geoffen-baret, daß der Verstrickten Tochter Tochter gegen sie bekannt, daß ihre Groß-Mutter (die Verstrickte) ihres Vaters Dietrich von der Eichen und seinen, Zeugens, Pferden Wind in die Ohren geblasen, daraus wären Adler und Schlangen gebrütet.

Darauf hätte Zeuge die Pferde aufhauen lassen, in eines Pferdes Herzen drei rothe Schlangen und in eines ändern Herzen eine Kröte so groß als ein Gänse-Küchlein befunden.

Hernach hätte mehrgedachte Pauline es auch bekannt, daß Catharina Mormann Bule, welcher Harm Knützbach geheißen, das Mägdlein also geschlagen und zu Tode gebracht, darin sie, Pauline, zu bewilligen genöthigt worden, in der Absicht, daß sie mögte Erbe zu dem Hofe werden, welches geschehen könnte, wenn das Mägdlein aus dem Wege geschaffet worden.

Daß Bensemann auf der Kindtaufe einen Wurm ausgebrochen, habe er gleichfalls gesehen und sei Inhaftierte Damit beschuldigt worden.

Hierauf ist die eingezogene Ahlke Bornemann auch vorgefordert, und ihr vorgehalten, daß die Zeugen alles, was sie wider sie eingezeuget, vermittels körperlichen Eides bestätiget, auch theils Dinge ohne das landkundig wären, darum man sie nochmalen ermahnt haben wolle, in Güte zu bekennen, alsdann man Mitleid mit ihr haben würde; im Widrigen aber würden andere Mittel wider sie vorgenommen werden.

Darauf sie geantwortet: sie wüßte nichts zu bekennen, hätte gehofft, man würde sie so lange nicht sitzen lassen, sondern ein Ende daraus gemacht haben, bete nochmals um Gottes, seines bittern Leidens und Sterbens und um das jüngste Gerichte Willen, sie doch nur auf das Wasser werfen zu lassen, so würden die Leute sehen, was sie für eine wäre und alsdann wol schweigen, die nun redeten.

Zu den attestatis antwortete sie:

AD DEPOS. TEST. 1.

daß sie ihr Leben lang ihres Wissens Meyerding um keinen Zehnten angesprochen noch seinem

Kinde etwas vom Stuten gegeben. Das Kind wäre in der bösen Seuche gestorben wie auch dessen

Bruder Kind.

AD DEPOS. TEST. 2.

Des von der Horst Frau habe sie kein Leid angethan, darauf wolle sie leben und sterben.

Befragt: ob sie Streitigkeit, Zank und Widerwillen mit Horst Frau gehabt?

Antwort: Sie hätte keinen sonderlichen Zank mit ihr gehabt, ohne daß selbige, als sie ihr Linnen begießen sollen, und es nicht gethan, zu ihr gesaget: Du alte Zaubersche! hättest mir meine Kleider wohl begießen können! sie, Verstrickte, geantwortet: ich bin keine Zaubersche, sondern ein Gotteskind; Ihr habt mich ja nicht gemiethet.

Pauline Schröder habe zwar auf sie bekannt, aber es gelogen; sei ihr Tage aus keinem Hexentanz, sondern wol auf ehrlichen Tänzen gewesen.

Sie leugne, daß sie Zeugen Sohn den Branntwein mit Löffeln voll gegeben und seiner Mutter Gesundheit zugetrunken, sondern den Frauen, welche mit Joh. Königs Kind nach der Kirche gehen wollen, wäre dem Gebrauch nach eine Schale mit Branntwein gegeben, davon sie getrunken und als Zeugen Sohn gekommen, hätte sie ihm die Schale hingelanget und gesaget, er mögte das austrinken, wäre etwa noch ein halber Löffel voll darin gewesen, davon könnten Windel Schones und Geesche Tiesing wol Zeugniß ablegen.

Der Zeuge hätte ja die fallende Seuche: warum man denn seine Krankheit ihr oder dem Branntewein zuschreiben wollte? —

Ebener gestalt würde sie mit Unrecht beschuldiget, daß sie Joh. Bensemann sollte etwas Böses beigebracht haben. Es wäre ja ihr zugerichtet gewesen, und sie hätte es haben sollen und hätte Bensemann davon errettet. Gleich wol würde sie beschuldiget, und hätte es damit diese Beschaffenheit. Wie sie nach Hemtewede auf die Kindtaufe, welche besagter Bensemann gehalten, gekommen, wäre sie

von einem guten Freunde Schweer Keteler gewarnet worden, man würde ihr etwas zubringen, das sollte sie nicht rein austrinken, wann sie schon genöthiget würde. Als ihr nun 2 Becher Bier zugebracht worden, und sie gesehen, daß etwas auf dem Biere geschwommen, wie Kümmel, hätte sie den einen vor die Kälber geworfen und den andern auf die Bank gesetzet, und wäre davon gelaufen. Daß nun Bensemann denselben weggenommen und ausgetrunken, dazu könnte sie ja nichts und hätte billig denselben darum zubesprochen und das Zeug darin gethan.

Befragt: warum sie denn wieder zurückgeholet worden?
Antwort: Darum, daß sie essen und trinken sollen.
Befragt: Wer dem Bensemann das Böse, das er eingesoffen, wieder abgetrieben und was es gewesen?

Antwort? Ihr Sohn hätte Einhorn bei sich gehabt, welches sie ihrer Tochter von Bremen mitgebracht, das hätte sie ihm eingegeben, da hätte er sich übergeben, und etwas als ein Stück Fleisch evomiret; ob er nun solches vom Trunke gekrigt oder nicht, wüßte sie nicht.

Daß die Leute sie für eine Hexe hielten, dazu könnte sie nicht, sie wäre es aber nicht. Man sollte, ob Gott will, erfahren, wann sie auf's Wasser käme, daß sie unschuldig wäre; wäre sie schuldig, so würde sie wol schwimmen.

Die Harlappe hätte ja den Schaden bei der Graftlage gekrigt, nun sollte sie es gethan haben.

Ferner sind der Herrn Regierungs-Räthe Befehl und Verordnung nach der Hausvoigt, Schließer und ein anderer guter Mann Gerd Köster nach des verstrickten Weibes Logement gesandt, dasselbe durchzusuchen, ob sie etwas Verdächtiges darin finden mögten. Dieselben haben referiret, und mitgebracht: aus des Weibes Laden 3 Pungen oder Plünnen, darin etwas gewickelt, als, wie sie meinen, rother Bolus, Allaun und Lattig-Samen.

Und aus der Tochter Tochter Laden einen Plünnen, darin eine Schlangenhaut gewickelt, und sonsten befunden viel Dillenkraut und Raute.

Selbige Plünnen sind hernach dem Weibe vorgezeiget und es befraget: was darin wäre und was es damit gemacht?

Antw. Alles, was man bei ihr finde, wolle sie wol eintrinken, damit man sehen mögte, daß es nichts Böses wäre. In den Plünnen wäre:

1, Rothstein, damit färbe man wohl — 2, Allaun, den gebrauche ihre Tochter im Munde wider den Schorbauch. — 3, Lattig- Samen — 4, sei eine Schneckenhaut, die hätte ihre Tochter auf dem Felde gefunden und aufgehoben, weil man sagte, daß sie gut zu Pferden wäre.

act. no. 5.
(Instructorium)

Unser rc.

Angehängt habt Ihr die einkommene Rintelsche Urtheil zusammt den Acten, die gefangene Ahlke Bornemann betreffend, zurück zu empfangen und weil solche Belehrung den Acten und Rechten gemäß ermessen wird, so begehren rc. wir hiemit, Ihr wollet die Vorsehung thun, daß die Gefangene über die Berichtigungen und verneinte oder abgestandene Puncte belehrter Maßen nochmals gütlich befraget, bei fernerer Verneinung aber und Leugnen mit der Tortur belegt, Inhalts der Belehrung verfahren und Uns deren Aussage aus die gütliche Befragung oder in deren Verweigerung ihrer peinlich Bekenntniß zu fernerer Verordnung anhero gesandt werde rc.
Datum Zelle den 23 Augusti ao. 1652.

Fürstl. Br. Lüneburg. Stadthalter Vice-Kanzler und Räthe daselbst

N. N.

Das Rintelnsche Urtheil befindet sich nicht bei den Acten und schließen solche mit nachfolgenden beiden Acten-Stücken:

act. no. 6.
(Urgicht der Ahleke Bornemann)

1, daß sie sich von dem Teufel verführen lassen, und, als er ihr zugesaget, er wolle sie versorgen, und ihr Speise und Geldes genug verschaffen, wiewol er nichts gehalten, einen Bund mit ihm gemacht, demselben zugeschworen, und sich verpflichtet, daß sie wollte seine sein, hingegen Gott abgeschworen und angelobet, mit Gott nichts zu thun zu haben, auch nicht in die Kirche zu gehen.

2, bekennet sie, daß sie Johann Meyering's Tochter in einem Stück von Stuten oder Wecke vergeben, und ein Pulver, welches ihr der Teufel gebracht, darum geschmieret, und habe es darum gethan, daß sie ihn angesprochen, etwas zu fahren, und es doch nicht thun wollen.

3, daß sie Ludeke Königs Sohn eine Schale mit Branntewein gereichet, darin der Teufel etwas gethan, darum Königs Sohn die noch währende Krankheit habe und könne ihm die Krankheit nicht benehmen.

4, daß der Teufel etwas in den Becher zu Hemtewede gethan, darum Johann Bensemann so krank und dick geworden.

5, daß sie Dietrich untor den Eichen Tochter mit einem schwarzen Stock, welchen ihr der Teufel gebracht, auf den Kopf geschlagen, daß sie davon gestorben, darum, daß bemeldeter Dietrich unter der Eichen sie geschlagen und gescholten und beschuldiget, sie hätte ihm seine Pferde umgebracht, welches aber nicht sie, sondern andere gethan.

6, daß sie Harlappen Frau ihre Krankheit und Schaden am Bein angethan und ihr ein Kraut, welches ihr der Teufel gebracht, vor ihrem Hause an der Gossen zu Wege vorgelegt zu dem Ende, wann sie würde darüber gehen, daß sie das Bein zerbrechen sollte, weil sie aber kein Bein zerbrochen, wäre sie lahm geworden, und hätte es darum gethan, weil sie Harlappe Frau geschlagen.

7, daß sie mit Catharine Mormann, Pauline Schröder, und andern ihren Cornuten, welche aus Ursache jetzo nicht benennet werden, verschiedene Tänze und Zusammenkünfte gehalten, und einmal aus dem Zimmerhofe aus dem Tanze gewesen und also herumgesprungen, daß Flohr und Schuhrosen im Laufe geblieben, andermal in Boschen Heinrichs Hause und sonsten mit anderen einen Tanz gehalten, welche zu seiner Zeit wol werden gefunden werden.

act. no. 6.
(Instructorium)

Unser rc.

Euer Schreiben sammt denen mit Ahlke Bornemann ergangenen Inquisitions-Acten und von der Universität Rinteln darüber eingeholter Urtheil ist allhier geliefert, eröffnet und verlesen worden. Worauf Serismi rc. gnädige Meinung, daß Ihr solches Urtheil gehörigermaßen an der Gefangenen erequiren lasset, gestalt Ihr dann zu dem Ende die acta hiebei wieder zu empfangen habt.

Datum Zelle den 3 Octbr. ao. 1652.

Fürstl. rc. Räthe

N. N.

Anmerkung. Es ist nicht zu bezweifeln, daß die Angeklagte gefoltert ist und in Folge ihrer vorstehenden Aussage den Tod der Verbrennung hat erleiden müssen.

No. II.

ACTA INQUISITIONIS

câ
Dorothea Hoffmeister zu Willenberg
in pcto criminis magiae
(1652)

act. no. I.

Protocollum in ca veneficii Dorothea Hoffmeister, des Johann von der Horst Magd

Sonnabend den 11 Septbr aô. 1652 ist Dorothea Hoffmeister, nachdem sie erfahren, daß Ahlke Bornemann unter andern mit aus sie bekennt, und sie beschuldiget, daß sie ihrer Frau den Schaden an dem Beine sollte gethan haben, ungefordert erschienen, in Meinung, sich zu verantworten, und als ihr vorgehalten, welcher gestalt und mit was Umständen Ahlke auf sie bekennet, mit Ermahnen, nur die Wahrheit in Güte zu bekennen, oder es würde eben so wol mit ihr vorgenommen werden, damit Ahlke Bornemann vorgenommen worden, hat aber nichts von allem, was ihr vorgehalten, gestehen wollen; derowegen sie mit Ahlke Bornemann confrontiret und gefraget worden: woher sie wisse, daß die Magd Dorothea zaubern könne?

Daraus Ahlke Bornemann der Magd vorgehalten:

1, ob sie nicht oft des Abends Kuchen gebacket? Woher sie das Mehl gekrigt und wo sie die Kuchen gelassen?

Ancilla: Sie hätte wol zuweilen Kuchen gebacket aber nicht für sich sondern für ihre Frau.

Hernach auf fernere Bemerkung, bekennet sie: wann sie hungrig gewesen, hätte sie wol einmal oder etlichemal Kuchen gebacket, mögte auch wol anderen guten Freunden ein Stück davon gegeben haben.

Ahlke aber sagt: sie hätte das Mehl ihrer Frau gestohlen und den Kuchen dem Teufel gegeben.

2, Ob sie nicht mit ihr in Bossen Heinrichs Hause aus dem Tanz gewesen?

Ancilla negat.

3, Ob sie nicht der Feind einmal mit dem Bette wegholen wollen, da so ein groß Gepolter auf der Hilden geworden?

Ancilla: Davon wisse sie nicht.

Ahlke: Es mögten nur ihr Herr Johann von der Horst und der Hauswirth Harm Müller darum gefraget worden.

4, Ob sie nicht viel Butter gekarnet, da sie doch nur wenig Milch gehabt; wo sie dann die Butter hergekrigt?

Ancilla: Sie habe anders keine Butter woher gekrigt, als ihres
Herrn Milch gegeben.

5, Ob sie nicht ihrer Frau gedrohet: sie wollte es machen, sie sollte in kurzem erfahren, wie dem zu Sinne wäre, der nicht wol gehen könnte?

Ancilla negat.

Ahlke: Ob sie sich nicht erinnerte, daß sie im Hofe unter dem Birnbaum zu ihr gesaget: ihre Frau sollte werden wie sie? (Die Magd hat ein kurz Bein, gehet Übel und saget: Daß es ihr böse Leute angethan.); denn die Frau keifete immer: sie sollte harter gehen, als sie könnte und würfe ihr ihren Schaden vor. Sie sollte es aber auch erfahren, wie einem solchen zu Sinne wäre. Und hernach, wie die Frau den Schaden gekrigt, und über die großen Schmerzen gewinselt, ob sie nicht vielmals zu ihr gesaget: nun erführe sie es, wie dem zu Sinne wäre, der fort sollte und könnte nicht?

Ancilla aber will nichts gestehen.

6, Ob nicht der Teufel ihr in einer blauen Tute etwas gebracht, das sie der Frau vorgelegt und, wann die Frau darüber gehen würde, dieselbe lahm werden solle?

Ancilla negat.

7, Ob sie nicht das Kraut vor die Thür an der Seite im Hause und in den Fleet nach der Wiese hin geleget?

Ancilla negat.

8, Ob sie nicht auch einen Sack mit Lehm vorgesetzt, daß sie darüber fallen sollen?

Ancilla: Den Lehm hätte sit zwar dahin gesetzt, aber nicht, daß sie darüber fallen sollen. Daß sie aber im Finstern darauf gelaufen und darüber gefallen, da könnte sie ja nicht zu.

Als nun die Magd nichts gestehen wollen, ist Johann von der Horst als dominus Ancillae darüber vernommen, welcher berichtet, daß die Magd in's 8 Jahr bei ihm gedienet, und er zwar nichts Verdächtiges von ihr gesehen, ohne daß einsmals ein groß Getümmel in der Nacht auf der Hilden, da die Magd gelegen, geworden, darum er die Magd habe wegjagen wollen.

Der Fall auch, den seine Frau über den Sack mit Lehm gethan, wäre nicht natürlich zugegangen, sondern wäre gleichsam mit Gewalt über den Sack gezogen und also zur Erde geworfen, daß sie beschwiemet und für todt gelegen und sich selbst nicht wieder aufrichten können.

Von dem Mehl wüßte er nicht, sondern daß er ziemlich viel Butter gekrigt und er nur Eine junge Kuh im Stall gehabt, wäre wahr.

Nachdem nun hieraus ziemlicher Verdacht und Anzeige zur Zauberei erhellen, ist die Magd gefänglich eingezogen und folgendes ferner darüber inquiriret worden.

act no. 2.
(Zeugenverhör)

Am 16 Septbr 1652 sind Zeugen verhört und sagen aus was folgt:

1, Joh. von der Horst: Er habe an seiner Magd Doroth. Hoffmeister niemals etwas Verdächtiges verspüret. Sie habe wohl Kuchen für sie gebacken, oft auch des Nachts heimlich, und habe sie auf ihrer Schlafstelle verborgen und davon der Ahlke Bornemann gegeben. — Sie könne bisweilen wol 1 T oder 1 ½ T Butter gekarnet haben, während sie nur Eine junge Kuh im Stall gehabt, die wenig Milch gegeben. — Von Drohungen gegen seine Ehefrau habe er nichts gehöret, wol aber, daß sie seiner Ehefrau, wenn sie lamentiret, vorgehalten: nun erführe sie auch, wie dem zu Muthe wäre, der fort sollte und könnte nicht! daß sie einen Sack mit Lehm hingesetzt und seine Ehefrau darüber gefallen, sei wahr, ob das aber vorsätzlich geschehen, wisse er nicht. Es sei aber nicht ohne Verdacht, weil Ahlke Bornemann mit dem Spinnrade in den Weg sitzen gegangen und die Frau also auf den Sack zugehen müssen. Das Fallen aber wäre nicht natürlich zugegangen, denn seine Frau wäre gleichsam dahin gezogen und fallen müssen. — Eine Magd Margarete Kramer habe seiner Frau ungefähr vor 1 ½ oder 2 Jahren offenbaret, daß sie, Dorothea, wie sie in Drebber gedient, ein Kind gehabt und solches den Schweinen vorgeworfen haben solle.

2, Hermann Müller: Zweimal wäre aus der Hilden, da die Magd geschlafen, ein Geschrei und Gepolter gewesen, als wenn wol 10 Hengste gegen einander wären. Solches habe er ihrem Herrn Johann von der

Horst gesagt, der sie auch wegjagen wollen. Wie er sie aber darüber zur Rede gesetzt, habe sie vorgewendet, sie wäre krank gewesen und so viel gewinselt und gebeten, daß er sie noch behalten. — Er habe zweimal bei Nachtzeiten gesehen, daß sie Kuchen gebacket und habe es ihr vorgehalten; wem sie solche gegeben, wisse er nicht. — Den Sack mit Lehm hätte Zeuge an einen Stender gesetzt, aber die Magd hätte ihn in den Weg gezogen, da wäre die Frau über gefallen, daß sie liegen geblieben und weggetragen werden müssen.

act. no. 3.
(Amts-Bericht)

Hoch- und Wohl-Edle rc.

Welcher Gestalt wir verursacht worden, eine Magd, darauf Ahlke Bornemann unter anderm mit bekennet, Dorothea Hoffmeister genannt, einziehen zu lassen und wider dieselbe zu inquiriren, imgleichen was bei der Konfrontation und Inquisition sich befunden, das geben wir Ew. Hoch- und Wohl-Edlen rc. aus beigesügtem Protokoll dienstlich zu vernehmen.

Wann aber die Magd in Gute nichts gestehen will, so bitten wir dienstlich um Befehl, wie wir weiter in der Sache verfahren sollen. Lassen Ew. rc. dabei unverhalten, daß wir noch ein ander Weib Ludeke Königs Frau, von welcher Ahlke Bornemann bekennet, daß selbige ihr das Hexen gelehret, gleichergestalt mit ihr confrontiret. Als wir aber dieses, daß es vor etwa 9 oder 10 Jahren sollte geschehen sein, falsch befunden, gestalt dann vor etliche 20 Jahren schon, so bald sie, Ahlke Bornemann, zu Diepholz angekommen, mit Vergiftung umgegangen, wie aus dem art. 9 Inquis. zu ersehen, die König auch sonst nicht berüchtiget ist, so haben wir vermuthen müssen, weil Ludeke König wegen seines Sohnes sie mit angeklaget, daß es vielmehr aus Haß geschehen, inmaßen wir sie halsstarriges und gehässiges Gemüthes verspüren, haben wir dieses Weib auf Kaution gehen lassen, dieses allein zur Nachricht referiren und zu Ew. rc. ferneren Verordnung verstellen wollen, Ew. rc. der gnädigen Beschirmung des Höchsten zu aller Glückseligkeit getreulich hiemit ergebend. Datum Diepholz den 24. Septbr anno 1652. rc. rc. N.N.

act. no. 4;
(Urtheil)

Unsere rc.

Als dieselben uns die, wider Dorothea Hoffmeister und Annen König ergangenen Acta inquis. zugesandt und welcher gestalt wider solche zwo Personen weiter zu procediren unsere rechtliche Information erfordert, demnach haben wir dieselben mit Fleiß verlesen, collegialiter wohl erwogen und berichten darauf vor Recht, daß wider Dorothea Hoffmeister so viel Indicia der Zauberei vorhanden, daß dieselbe zur Ergründung der Wahrheit mit scharfer peinlicher Frage (Tortur) zu belegen; so viel aber Anneke König betrifft, dieselbe auf gelösete Kaution noch zur Zeit weiter nicht zusprechen, jedoch wider dieselbe bei vorfallender Gelegenheit bessere Inquisition anzustellen sei.

Von Rechts Wegen, Rinteln den 25 Octbr. anno 1652.

Dechand senior etc.

N. N.

act. no. 5.
(Verhör der Angeklagten mit Anwendung der Tortur)

Actum die 4 Novembr. 1652

Bei Verhör der gefangenen Magd Dorothea

1, Sie habe sich mit dem Teufel nicht verbunden.

2, Habe ihrer Frau nichts gethan.

3, Ein Kind habe sie gehabt. Ein Soldat habe sie niedergeworfen auf den Mistpfahl vor der Thür und hätte ihr den Mund mit Stroh zugestochen, und ihr hernach das Maul entzwei geschlagen.

4, Das Kind hätte sie gegen den Morgen aus ihrem Bette in der Mühle bekommen, das Kind wäre todt zur Welt kommen.

5, Sie hätte es nicht erwürget, aber sie hätte es in ein Mannshemd geschlagen und es unter einem Birnbaum am Ufer des Wassers in des Müllers Garten begraben. Das Kind wäre nicht zeitig gewesen, hätte nicht geweinet.

6, Ihrer Frau hätte sie nichts gethan.

7, Daß sie das Kind den Schweinen vorgeworfen, leugne sie.

Die 5 Novemb.

Ist sie in der Güte wieder verhöret und vernommen, ob sie bei ihrer Aussage annoch verbleiben wolle?

1, Saget nun, sie habe gestern nichts sagen können, denn der Peiniger hätte sie gar zu stark gehalten bis sie zum Wasser gangen, da hätte er sie verlassen.

2, Vor zwei Jahren habe die alte Ahlke Bornemann es ihr gelernet und sei geschehen im Garten hinter dem Hause und hätte sie gesagt, ich weiß einen feinen jungen Kerl, den sollst du haben, dem sollst du 3 halbe Grote geben und hätte gesagt, sie sollte ihr die Hand geben. Indem wäre der Teufel in Gestalt eines Bürgers in braunen Kleidern zu ihr gekommen, hätte ihr strack die Hand gegeben, wäre aber so kalt gewesen, als Eis.

3, Vor 8 Tagen, am Sonntag Abend, wären sie in den Garten gangen, da hätte sie sich in den Rücken geleget und habe Ahlke ihr vorgesagt, sie sollte Gott abschwören, und dem Teufel zu; das habe sie gethan; sie wisse jedoch die Worte nicht mehr.

4, Auf dem Hexen-Tanze sei sie nur Einmal gewesen und sei aus dem Tanze gewesen mit ihr N. N. — N. N. und ihr Buhle, so Jacob sich genannt. Der alten Amtmanninn Buhle sei ein alter Mann, habe einen schwarzen Federbusch aus dem Kopfe und habe einen schwarzen Bart. Die alte Asslingische habe einen Buhlen gehabt, so auch grau, sie hätten Wein gehabt und Käse und Brodt; sie hätte nur Einmal getrunken.

5, Mit dem Teufel habe sie 2mal und dann 3mal im Gefängniß zu thun gehabt und wäre der Schließer dazu kommen und sie im harten Schlaf gefunden.

6, Der Frau von der Horst habe sie an dem Schenkel den Schaden gethan, die alte Ahlke habe ihr in einer Tasse (Scherbe) was gethan, das sollte sie an der Thür niederwerfen, so sollte die

Frau davon krank werden. Denn die Frau hätte sie für eine Hexe gescholten, das wollte sie ihr gedenken, so bald sie in's Haus komme.

Darauf hätte sie ihr eine Matte (ob sie weiß oder grau gewesen, hätte sie nicht sehen können) gethan und gesagt, weil die Frau von der Horst sie beide gescholten, so sollte sie ihr die Matte vorlegen, so würde sie lahmer werden, als Inhaftirte worden.

7, Das Kind hätte sie nicht umgebracht, und der Soldat wäre Vater dazu gewesen, vier Jahre vorher, ehe sie Zauberei gelernet. Das Kind mögte sie aus Unvorsichtigkeit wol todt gedrückt haben, aber vorsätzlich hätte sie es nicht gethan.

Endlich gestehet sie, daß sie in der großen Angst es todt gedrücket.

act. no. 6
(Instructorium)

Günstige, gute Freunde!

Was Ihr, der Amtmann zu Diepholz, wegen der daselbst Ungezogenen und der Hexerei halber beschuldigten, Weiber anhero eingeschickt, solches ist kurz nach des Landdrosten Abreise allhier zu Rath eingeliefert und erwogen worden.

So viel nun erstlich Dorothea Hoffmeister und derentwegen von Rinteln eingelangtes Urtheil betrifft, befinden wir nöthig, daß ehe und bevor solch Urtheil an ihr zu vollstrecken, noch etlicher Puncte und Umstände halber ferner Nachfrage gehalten werden müsse. Begehren derowegen anstatt Serssmi etc. Befehl wir hiemit, Ihr wollet Euch erstlich durch Einnehmung des Augenscheines erkundigen, ob zu Drebber in dem Hofe bei der Mühle am Ufer ein Apfel- und Birnbaum bei einander stehen. Dann zweitens Dorothea gütlich befragen:

1, Ob die Tute, so sie Joh. von der Horst Frau vorgelegt, ihr von Ahlke Bornemann oder von dem bösen Feind (wie besagte Ahlke Bornemann bevor deponiret) zugestellet sei?

2, Ob sie nicht, als sie das Bündniß mit dem bösen Feinde gemacht, Gott und allen seinen Heiligen abgesaget habe?

3, Warum sie ihren Buhlen das erste mal Johannes, das andere mal Hans Cord, und das dritte mal Jacob genannt? und also in dem Namen variirt habe?

4, Warum sie den 4 Nov. gesagt: ihr Buhle hätte ein schwarz Kleid angehabt, als er das erste mal zu ihr kommen, hernach aber den 5 Nov.: er hätte damals braune Kleider gehabt?

5, Wie es sein können, daß, wie sie den 4 Nov. ausgesaget, die alte Ahlke Bornemann in der Nacht mit ihrem Buhlen zu ihr auf die Hilde gekommen, und sie mit fort haben wollen, aber, weil sie krank gewesen, wieder von ihr gewichen wäre und dennoch damals ihr Geist mit ihr gebuhlet hätte?

6, Ob sie ihr Buhle von der Hilde geworfen, oder sie sonst aus Versehen herunter gefallen?

Jmgleichen rc. und vorbenannter beider Personen Aussage neben dem, was vorher in der Sache ergangen, zu fernerer Verordnung verschlossen anhero einsenden. Sollten sie auch ferner um die Wasserprobe anhalten, könnet ihr damit gegen sie verfahren. Wofern aber sonsten, wie verlauten will, tue Leute gegen jemand, so nicht in Haft gezogen, derselben sich eigenmächtig unterfangen sollten, habt Ihr dieselben deswegen mit der Gefängniß oder einer Geldbuß nach Proportion ihr es vermeinet, zu belegen. Datum Zelle den 10 Decbr. anno 1652.

Fürstliche rc. Räthe

N. N.

act. no. 7.
(Verhör der Angeklagten)

Antwort und Bekenntniß der Dorothea Hoffmeister auf die überschickten Fragen, worüber sie den 21 Decbr. 1652 gütlich dem Befehl nach befraget worden.

ad 1. antwortet sie, wie sie von Anfang her gethan, ganz unbeständig und vagiret mit ihren Reden umher, sagend: Sie habe ihrer Frau kein Leid gethan, ihr auch nichts vorgeleget, die habe es gethan.

Admonita, daß sie vorhin ein anderes bekannt, saget sie : die Ahlke habe im Finstern ihr etwas in die Hand geschlagen, welches weich gewesen, darnach ihr die Hand umgekehret, daß es auf die Erde gefallen; was es gewesen, könnte sie nicht wissen.

Interrogata, warum sie denn vorher bekannt, daß es eine Tute gewesen?

Resp. Die Ahlke hätte mit jemand (müsse ihr Geist gewesen sein) in der Kammer von der Tute geredet, welches sie draußen gehöret und Ahlke sich verweigert und verschworen, daß sie es selber nicht thun wollte.

Derowegen muthmaßete sie, daß es die Ahlke gewesen, davon sie geredet und die alte Ahlke durch ihre Hand die selbe dahin geworfen.

Iterum admonita: Weilen aus ihrem vorigen Bekenntniß ein anderes erhellet, so sollte sie die Wahrheit bekennen, und directe antworten: ob Ahlke oder der Teufel ihr die Tute gegeben?

Resp. Ahlke hätte es gethan und nicht der Teufel.

ad 2. Hat man gleichfalls keine richtige Antwort von ihr bekommen können; endlich nach vielen Umschweifen bekennet sie, die alte Ahlke hätte sie gezwungen, daß sie dem Geiste zuschwören sollte, sie auch bei der Hand gefaßt und dem Geiste zugeführet und ihr vorgesaget, daß sie Gott und Jesu Christo abschwören sollte. Daraus hätte sie dem Geist die Hand gegeben, hätte sich auch auf den Rücken niedergelegt zu schwören; ob sie aber den Eid geleistet und Gott und seinen Heiligen abgeschworen, oder was sie sonsten damals gethan, und geredet habe, das wisse sie nicht mehr, wäre zu voller Angst gewesen.

ad. 3. Die Ahlke hätte die Geister, so bei ihr gewesen, den einen Cord, den andern Hans Cord gennenet und gesaget, ihr Geist heiße Jacob. Darum hätte sie auch die Namen gebrauchet.

ad. 4. Einmal, wie der Geist zu ihr aus die Hilde gekommen, und mit ihr gebuhlet, hätte ihr gedäucht, daß er schwarze Kleider gehabt. Es wäre aber finster gewesen. Das andere mal, wie sie den Bund mit ihm im Garten gemacht, hätte er braune Kleider gehabt.

ad. 5. Es wäre zu verschiedenen Zeiten geschehen. Einmal, wie sie schon bekennet, hätte er mit ihr gebuhlet; das andere mal hätte er und Ahlke sie mit aus den Tanz haben wollen; da hätte sie sich mit ihrer Krankheit entschuldiget.

ad. 6. Zu Drebber, wie sie Holz langen wollen, wäre sie von der Hilden gefallen und lange zuvor geschehen, ehe sie mit dem bösen Geist zu thun gehabt, hätte von dem Fall Schaden in der Seiten gekrigt, welchen sie noch empfände und das Kind würde auch vermuthlich Schaden davon gekrigt haben.

act. no. 8.
(Amts-Bericht)

HochEdelGeboren rc.

Demnach Ew. rc. in peinlicher Sache der Dorothea Hoffmeister annoch von einem und andern Puncten nähere Kundschaft zu haben desideriren, ehe die, wider dieselbe zu Rinteln abgesprochene, Urtel erequiret werde, und zu dem uns erst solche Puncte zugeschicket, mit Befehl, darüber nöthige Inquisition anzustellen und die Inhaftirte zu fragen, so haben wir solchem Befehl zu schuldiger Folge zuvörderst wegen der Bäume, darunter das Kind soll begraben sein, nicht allein von der Captivirten die Umstände des Orts und der Bäume, als daß es zwei große Bäume seien, der Apfelbaum große rothbunte Apfel Görlinge geheißen, und der Birnbaum Steinbirnen tragend, und etwa 4 oder 5 Schritte von einander in dem Garten bei dem neuen Haufe am Ufer der Hunte stehend, eingenommen, sondern auch in der Nachfrage und Besichtigung also befunden, folgends sie über die andern Puncte auch befragt, was sie darauf geantwortet und bekennet, das haben Ew. hiebei zu empfangen.
rc. rc.
Thun hiemit Ew. rc. Gunst in den sicheren Schutz des Höchsten mit herzlichem Wunsch, daß, gleich wie sie das verflossene Jahr in gutem Frieden und Wollstande hingelegt, also auch das herannahende und folgende in gleicher und mehrer Glückseligkeit erfreulich vollenden und hinbringen mögen, getreulich ergeben. Signatum Diepholz am 28 Decbr. anno 1652.

Ew. rc. Diener
N. N.

act. no. 9.
(Instructorium)

Unser rc.

Euer fernerer Bericht wegen der Inhaftirten Dorothea Hoffmeister ist vernommen und referiret. Weil nun dieselbe sowol vor der, von Rinteln eingeholter Urtheil als auch nach der Hand, laut Eueres besagten letzt eingesandten, Berichts die bezüchtigte Zauberei gestanden und bekannt: so lassen es Serissimi rc. zum peinlichen Gericht verordnete Räthe bei gedachter Urtheil:

>*„daß nämlich peinlich Beklagtinn wegen ihrer bekannten Zauberei und Abfalls von Gott dem Herrn, ihr selbst zu wolverdienter Strafe, andern aber zu einem Exempel und Abscheu, „mit dem Feuer vom Leben zum Tode abzustrafen sei,"*

bewenden. Thun Euch demnach solcher Urtheil Copei hieneben nochmals zusenden, an Ew. rc. Sr. Durchl. Statt begehrend, Ihr wollet dieselbe durch Hegung eines öffentlichen peinlichen Hals-Gerichts, dem

[Anm. der Redaktion: 2 Seiten fehlen]

Beklagter: Es sei das erste mal nicht, daß sie für eine Hexe gescholten, sie sei vor vielen Jahren dafür gehalten, bittet, man möge die Wasserprobe ergehen lassen, wofern sie nicht schwimmen würde, wollte er dem Amte in willkührliche Strafe verfallen sein.

Klägerinn: Damit sie ihre Unschuld beweise, wolle sie bitten, sie dazu zu verstatten.

Beklagter priora: Er wolle alle das Seinige dabei aussetzen. Wenn sie auf das Wasser käme, werde es der Augenschein ergeben.

BESCHEID:

In Sachen Margareta Meyer câ Böske Deppe ist die gesuchte Wasserprobe als unzulässig noch zur Zeit abzuschlagen und ferner der Bescheid:

Wofern Beklagter die gestandene Diffamation innerhalb 4 Wochen gebührlich nicht erweisen, und zu dem Behufe seine artioulos probatoriales cum nominibus testium übergeben würde, daß er als¬dann ihr die Abbitte zu thun schuldig und dem Amte in 20 H Strafe verfallen sein solle. Pronunciat. Diepholz ut supra.

Am 23. Octbr. 1652 erscheinen Partheien wieder und will Klägerinn erwarten, daß Verklagter seine Scheltworte gebührlich erweise, oder sie zur Wasserprobe möge zugelassen und Diffamant darauf gebührlich bestraft werde.

Beklagter bittet gleichfalls noch einmal, mit der Wafferprobe zu verfahren, bleibet beständig dabei, sie sei eine Hexe, denn sie hätte einen Mann in ihrem Dorfe, Promann genannt, in Eiern vergeben wollen, produciret deswegen 2 Zeugen, mit Bitte, selbige zu examiniren, Namens Köneke und Drewes Meyer.

Nach Angabe der Acten sind aus dem Verhöre der Zeugen folgende Beschuldigungen gegen die Klägerinn hervorgegangen:

a, Sie habe dem Rudolph Promann Eier mit vergifteten Würmern gegeben, damit er sterben oder doch Schaden nehmen sollen.

b, Sie habe gemacht, daß Promann von ihrem Torfschoppen gefallen und sich einen Pfahl in den Leib gefallen, wovon er gestorben.

c, Sie habe der Frau Geesche Runge Leinen zum Hemd-Aermel und darin etwas gegeben, wovon deren Arm lahm geworden.

d, Sie habe dem Büttel 1 H gegeben, zur Wasserprobe, daß er sie unter das Wasser drücken sollte.

e, Daß sie die Kunst verstehe, viele Butter zu Wege zu bringen.

f, Daß sie der Bosche Deppe Schafe zu Tode gezaubert habe,

g, Daß sie mit dem bösen Feind ein Bündniß gemacht habe,

h, Daß sie mit anderen Hexen auf dem Tanze gewesen.

act. no. 2.
(Urtheil)

Unser rc. rc.

So viel die Meyer zu Aldorf betrifft, erscheinet aus deren wider sie zu Tage erbrachten Indiciis so viel, daß sie wegen des obgestan¬denen delicti der Zauberei mit scharfer peinlicher Frage ziemlicher Maßen zu belegen sei. Von Rechts Wegen rc. rc. Gegeben zu Rinteln den 29 Novbr. 1652.

Der Herrn dienstwillige Dechand senior und andere doctores der Juristen- Facultät daselbst.

act. no. 3.
(Amts-Bericht)

Hochwohlgeboren rc. rc.

Mit Examinirung des andern eingezogenen Weibes, der Meyer von Aldorf hat man noch zur Zeit nicht verfahren können, weil man des Büttels nicht mächtig werden, wegen des Frostes man auch das Wasserbad, darauf sie sehr dringet, nicht haben mag, soll gleichwol so bald möglich vor die Hand genommen werden. Thun hiemit rc. Signatum Diepholz am 28 Decbr. anno 1652.

N. N.

act. no. 4.

Intorrogatoria, wornach die Wittwe Margareta Meyer zu befragen.
1, Ob sie nicht vor 5 Jahren Rudolph Promann Eier gegeben, daß er ihr geholfen?
2, Ob sie nicht in solche Eier vergiftete Würmer gezaubert, davon gedachter Promann sterben oder doch Schaden nehmen sollen?
3, Ob sie nicht gemacht, daß gedachter Promann von ihrem Torfschoppen, wie er das Dach bessern wollen, herunter und sich einen Pfahl in den Leib gefallen, davon er gestorben?

4, Durch was Mittel sie dieß wie auch voriges mit den Eiern zu Wege gebracht und was sie dazu bewogen?

5, Ob sie nicht einer Frau, Rungen Geesche genannt, ein wenig Leinen zum Ärmling an ein Hemd gegeben?

6, Ob sie nicht etwas darin gemacht, davon der Frau, als sie das Hemd angezogen, der Arm lahm geworden, auch geblieben, und was solches gewesen?

7, Was sie dazu verursacht?

8, Ob sie nicht dem Büttel 1 H versprochen, daß, wenn sie aufs Wasser käme, er sie unterdrücken sollte?

9, Ob sie nicht eine Kunst kenne oder wisse, dadurch man viel Butter zu Wege bringen könnte?

10, Was sie für Mittel dazu gebrauche?

11, Ob sie nicht Bosche Deppe Schafe bezaubert habe, daß die besten davon weggestorben?

12, Ob sie nicht ein Verbündniß mit dem bösen Feind habe?

13, Wie lange sie solches gehabt, und durch was Gelegenheit sie dazu gekommen und welcher Gestalt sie dieses Verbündniß gemacht habe?

14, Ob sie nicht mit anderen Hexen am Tanz gewesen, als Heinrich Bosche zu Aldorf den Schäfer zu Marconnah N.N. in's Geblühmte geführet und denselben aus dem Rückwege zwischen Barnstorf und Aldorf angesprenget habe?

15, Aus was Ursache dieß geschehen?

act. no. 5.

Gütliche Befragung der Meyer zu Aldorf über die eingeschickte Interrogatoria

Actum 8 Januarii aô 1653

ad. 1. affirmat.

ad. 2. Negat et addit: Wann Würmer in den Eiern, welche sie ihm (Promann) gegeben, gewesen, warum man es ihr damals nicht offenbaret; Promann hätte ja nahe bei ihr gewohnet und nichts

davon gedacht; bittet, die anderen Nachbaren, die nicht Bosche Deppe Freundschaft seien, und ihr zur rechten Hand wohnen, darüber zu hören.

Interr. Woher sie die Eier genommen?

Resp. Frisch aus dem Nest.

ad. 3. Negat. Sie wäre ja dasmal, wie Promann gefallen, nicht zu Hause, sondern nach ihrem Kampe gewesen, und hätte ihre Kälber eingeholet. Bittet deswegen, Johann Middendorf und Fenneke Weyers, welche damals bei ihr im Hause gewesen, jetzt aber zu Lutter sich aufhalten, zu hören.

ad. 4. Sie hätte nichts dazu gebrauchet, sei auch unschuldig daran.

ad. 5. Negat. Habe derselben (Rungen Geesche) ihr Lebenlang kein Leinen gegeben, sei über 15 Jahre, daß die Runge gestorben, und wäre dieselbe von Pocken und Franzosen gestorben, welche ihr Löcher in den Arm und Achselgefressen; deren Mann, so noch lebe, würde es bezeugen.

ad. 6 und 7.refert se ad praecedens.

ad. 8. Negat. Cord untor der Eichen Frau hätte dem Büttel 1 H versprochen, sie aber gesaget, er sollte es also machen, wie er es vor Gott und der Welt verantworten wollte. Vermeine, wenn sie durch ihre Freunde mögte auf das Wasser geworfen werden, würde sie wol untergehen, als ein ander ehrlich Mensch.

ad. 9. Negat. Ob die Angeber ihre Karne (Butterfaß) gehabt, oder was sie darin gethan, das wisse sie nicht, sie habe nicht mehr Butter in ihrer Karne gekarnet, als Gott von der Milch geben.

ad. 10. Cessat.

ad. 11. Negat. Ihr wären auch ein mal viele Schweine, auch sonsten wol Pferde und Kühe gestorben, könnte aber nicht alsofort sagen, daß es ihre Nachbaren gethan.

ad. 12. Negat.

ad. 13. Cessat.

ad. 14. Wenn der Heinrich Bosche und der Schäfer Marconnah auf ihren Eid wollten nehmen, daß sie mit im Tanze gewesen, wollte sie gern dafür leiden, wisse aber gewiß, daß es nicht geschehen, und also sei es mit allen Puncten beschaffen, sei alles erdichtet, und von ihres Anklägers nahen Freunden eingezeuget.

ad. 15. cessat.

Wie sie nun in Güte nichts bekennen wollen, hat man den Büttel mit seinen Instrumenten lassen kommen, und sie terriret; aber hat eben wenig bekennen wollen. Und obwol der Büttel ihr in faciem gesaget, und es Hoch betheuret, daß sie ihm den Thaler geboten, so will sie es doch nicht gestehen und saget, es sei ihres Wissens nicht geschehen, sondern hätte ihn ermahnet, er sollte es so machen, daß es recht würde.

Der Büttel ihr vorgehalten, warum sie denn geschwommen, wenn sie keine Hexe wäre?

Resp. Das wüßte sie nicht, wie das zugegangen wäre, hätte sie geschwommen, so mögte man ihr deswegen den Kopf lassen wegschlagen, bäte, daß ihr doch, ehe man etwas weiter gegen sie vornehme, vergönnt werden mögte, daß sie durch ihre Freunde an einem ändern Ort auf das Wasser mögte geworfen werden, welches zugelassen, niemand aber hat es thun wollen; derowegen sie selbst am 22 Januarii da das Eis sich verloren, und man des Büttels wieder mächtig sein können, einen Strick um den Leib gethan, denselben an einen Pfahl festgemacht, und selbst in das Wasser gangen, hat aber auf dem Wasser getrieben und geschwommen wie eine Gans.

Darauf ist sie wieder vorgenommen, und ernstlich ermahnt, zu bekennen. Nachdem sie aber bei ihrem Leugnen verharret, ist mit ihr zur Tortur geschritten, in welcher sie geantwortet:

ad eadem interrogatoria

ad. 1. affirmat. Die Eier hätte sie Promann gegeben darum, daß er ihr euren Eimer gebunden.

ad. 2. Negat. Die Würmer habe sie nicht darin gemacht, auch mit Augen nicht gesehen. Sie sollten ihr billig die Würmer gezeiget haben.

ad. 3. Negat. Das hätten keine Leute, weniger sie, gethan. Ihre eigene Tochter wäre von einem Mistwagen gefallen und todt geblieben; das hätte sie ihr Leben lang auf keine Leute gegeben, Admonita: mögte es selber wol gethan haben.

Resp. negative.

ad. 4. Negat. Hätte ihr Leben lang solche Gedanken nicht gehabt, hätte es auch nicht verursacht, daß der Mann gefallen.

ad. 5. Negat. Beruft sich auf derselben Frauen Mann, der würde ihr Zeugniß geben, daß es nicht geschehen, und daß sie der Frau kein Linnen zum Aermel gegeben.

ad. 6. 7. cessat.

ad. 8. Negat in praesentia des Büttels, er thäte ihr darin viel zu nahe. Der Büttel aber bleibet bei seiner vorigen Rede und saget, es hätten mehre andere Leute gehöret, weiß aber die Leute nicht zu nennen.

ad. 9. Negat.

ad. 10. Cessat.

ad. 11. Negat. Wären kranke Schafe gewesen; ihr wären selber etliche gestorben.

ad. 12. In der Tortur sagte sie: Ja! — Wie sie nun darauf losgelassen, und mit der Tortur eingehalten, ist weiter gefraget, ob nun der böse Feind von ihr gewichen? bekannte sie wiederum: Ja!

Darauf es in dem Keller, da sie examiniret, auf einem Stücke Kupfer angefangen zu klingen, gleich schlüge einer mit einem Stecken daraus, und, wie sie gefraget: ob ihr Geist das thäte? - hat sie gesagt: Ja!

Wie ihr aber nach der Tortur solche ihr Bekenntniß wieder vorgehalten, hat sie es geleugnet, sagend, sie hätte es aus Pein gesagt.

ad. 13. Negat. Sie habe keinen Bund mit dem bösen Feind gemacht, sondern bittet inständig, weil sie nun zum zweiten mal geflossen, man möchte eine andere Frauensperson, die man für ehrlich und keine Hexe hielte, dahin vermögen, daß sie sich auch auf das Wasser werfen ließe; denn sie vermeine, alle Weibespersonen würden fließen und könnten nicht zu Grunde gehen. Sie wollte ihre beiden Kühe daran setzen, wenn eine zu Grunde gehen würde oder, da sie es thun würde, möge man ihr deswegen, daß sie geflossen, den Kopf lassen abschlagen.

ad. 14. Negat. Es sei nicht wahr, man sollte ihm, gleich wie ihr geschehen, die Schrauben aus den Daumen kriegen, so sollte er wol bekennen, daß er gelogen.

ad. 15. Negat. Sie sei im Hexen-Tanze ihr Leben lang nicht gewesen.

Den 24 Januarii ist sie wiederum vorgenommen und ernstlich vermahnet, zu bekennen, oder man würde schärfere Mittel wider sie vornehmen müssen, hat aber nichts bekennen wollen und gesaget: ob sie schon auf etliche Puncte mit: Ja! geantwortet, so wäre es doch aus Pein geschehen, bittend, daß doch ihre anderen Nachbaren auch abgehöret werden mögen und insonderheit Boschen Frau, welche auch ein Ei vorm Fenster und eins im Felde gefunden, darinnen Würmer gewesen.

Auf ferner hartes Zureden und Bedrohen, zu bekennen, ob sie nicht mit dem Teufel einen Bund gemacht? Resp.: Ja! sie sei mit dem Teufel im Bunde.

Interrog. Wann sie den Bund mit ihm gemacht und wie lange es sei?

Resp. Wisse es nicht, müsse noch jung gewesen sein.

Admon. solch Ding ließe sich nicht so leicht vergessen, sollte nur bekennen.

Resp. Wäre 12 Jahre alt gewesen.

Interrog. Wo und an welchem Ort es geschehen?

Resp. Zu Aldorf in ihrem Hause beim Feuer. Es sei nunmehr wol 12 Jahre, da der Geist zu ihr gekommen.

Inter. Ob es bei Tage oder Nacht geschehen?
Resp. Bei lichtem Tage.
Inter. Wer mehr beim Feuer gesessen?
Resp. Niemand.
Inter. Wie der Geist heiße?
Resp. Paul.
Inter. Was Gestalt er erschienen?
Resp. In Menschen-Gestalt.
Inter. Was für Kleider er angehabt?
Resp. Blaue.
Inter. Ob er Stiefel oder Schuhe angehabt?
Resp. Schuhe.
Inter. Was er gesaget und ihr angemuthet?
Resp. Ob sie sein Freund sein wollte?
Inter. Was sie dazu gesaget?
Resp. hätte Ja! gesaget.
Inter. Was er ihr verheißen?
Resp. Er wollte ihr viel Gutes thun und Geld genug geben und wäre daraus wieder weggegangen.
Inter. Ob er hernach nicht wieder gekommen?
Resp. Ja, über ein Jahr wäre er wiedergekommen?
Inter. Was dann der eine dem andern gegeben oder versprochen?
Resp. Er hätte ihr nichts gegeben, auch nichts von ihr gefordert, sondern zugesaget, wenn ihr Mann stürbe, wollte er sie wieder nehmen. Sie hätte ihm zu einem Paar Hosen Laken gegeben.

Wie ihr nun zu Gemüthe geführet, daß man nicht allein aus ihrer Rede, sondern auch aus den circumstantiis insonderheit der Zeit vernehme, daß sie die Wahrheit nicht bekennet, sintemal sie erst nach Aldorf gekommen, wie sie ihren Mann gefreiet, sie auch vorhin selbst bekennet, daß sie schon vor 23 Jahren berüchtiget gewesen und für eine Hexe gescholten worden, mit wiederholtem Ermahnen und Bedrohen, hat sie gesaget, was sie bekennet das hätte sie ex metu torturae, weil man ihr damit bedrohet, gethan; sie wäre unschuldig und wüßte nichts; würde man sie mehr peinigen, so würde man es dahin bringen, daß sie sich von Gott zum Teufel bekehren müßte, und wir würden unschuldig Blut auf uns laden. Wodurch wir dann bewogen wurden, mit fernerem Prozeß bis auf weitere Verordnung einzuhalten. Jedoch haben wir so wol zu dem End, ob wir sie mögten falsch befinden, als auf ihr inständig Anhalten ihre andern Nachbarn auch examiniret und wider sie inquiriret, und insonderheit:

1.

Geesche Reinenberger befraget, woher sie wisse, daß die Meyer der Rungen Linnen zum Aermel gegeben?
Resp. Sie hätte zwar dieß nicht, daß die Meyer der Runge Linnen gegeben, sondern daß die Runge Löcher in Armen und Schultern gehabt, mit ihren Augen gesehen, die Runge aber hätte geklaget, daß die Meyer ihr Linnen gegeben und sie es davon hätte.

2.

Heinrich Bosche wegen des Hexen-Tanzes so sich zwischen Barnstorf und Aldorf begeben, ob er die Meyer mit in solchem tanzen gesehen?
Resp. Es habe sich am bemerkten Ort viel Gespenst einsmals in Menschen-Gestalt sehen lassen, und den Weg, den er fahren sollen, in der Weite umher beschoren und etwas ausgespadet gehabt, als weiße Tücher und ihn nicht durchlassen wollen. Gott hätte ihn aber endlich noch durchgeholfen, wiewol es ihm und seinen Pferden wegen des Schrecken übel bekommen. Hätte aber niemand davon gekannt und, wann er jemanden darunter gekannt hätte, würde es längst offenbar sein, weil er von den vorigen Beamten und Pastoren sehr darum geäußert worden.
Die Meyer hätte ihn aber beschuldigt, und sich darüber beschweret, als wann er geredet haben sollte, daß sie mit darunter gewesen wäre; welches aber nicht geschehen und hätte sich dadurch seines Ermessens selbst dießfalls in's Gerüchte gebracht.

3.

Die Nachbaren der Meyer zur rechten Hand wohnend und mit ihrem Ankläger nicht befreundet, welche die Meyer auch zu hören gebeten, als Harm Kunning, Arend Tieken und Johann Middendorf bezeugen jedoch jeder absonderlich, daß ihnen von den Puncten in den interrogatoriis begriffen und sonsten nichts von ihr bewußt, ohne was insgemein davon geredet würde; daß sie sonsten lange Jahre berüchtiget gewesen, wäre wahr; woher aber das Gerücht entstanden, hat niemand berichten können, derowegen ihre Zeugniß, unnöthige Weitläuftigkeit zu vermeiden, allhier aufgesetzet worden.

N. N. *N. N.*

act. no. 6.

ist ein Gesuch der Angeklagten Margareta Meyer an die Beamten in Diepholz vom 7 März 1653, die Klägerinn ebenfalls zur Wasser- Probe bringen zu lassen und wenn sie nicht, wie Angeklagte geschwommen, auch fließen würde, so begehre sie den schmählichsten Tod, der ihr angethan werden könne, gern zu leiden. Wenn sie aber fließen würde, daß sie alsdann ebenfalls zur Hast gebracht würde.

act. no. 7.
(Amtsbericht vom 17 März 1653)

Demnach die Meyer von Aldorf und Maria Selhower Bade-Mutter aus Diepholz auf ihr Begehren und Zulassung auf's Wasser geworfen, seind verschiedene Weiber hinzugelaufen, und haben sich durch den Büttel, welchen sie selber gelohnet, auch aufwerfen lassen, aus dieser Ursache, wie sie vorgeben, weilen sie durch Ahlke Bornemann
der Zauberei wegen anrüchtig gemacht worden, daß sie der Welt ihre Unschuld wollten darthun und beweisen, und hätten die Berüchtigte eine die andere beredet, und ermahnet, solches zu thun, haben aber alle geschwommen und geflossen wie Gänse; und find dieselbe
1, Bossen Upendorps Frau — 2, Cord unter den Eichen Frau — 3, Ludeke Tiesings Frau — 4, Wöler Fincken Tochter — 5, Frerks Metke. Es sollen derselben noch mehr gewesen sein, so sich auch auswerfen lassen wollen. Wie sie aber gesehen, daß ebenbenannte geschwommen, sollen sie sich bedacht haben und zurückgekehrt sein.

Auf Tiesings Frau und Fincken Tochter hat Ahlke Bornemann gerichtlich nichts bekennet, was sie aber auf die andern Drei bekennet, ist extrahiret und anhero gesetzet.

Ex protocollo vom 9 Septbr. ad inquisitional. 5 und 6. Ahlke Bornemann bekennet, daß Cord und Dietrich unter den Eichen Pferde, bei welchen im Eröffnen oder Aufhauen rothe Schlangen im Herzen gefunden, dessen eigene Frau Pilken Cordes und Frerks Metke umgebracht.

11 Septbr. Nachdem Ahlke Bornemann ihre Sünde dem Pastor ge-

beichtet, und sich mit dem Abendmahl des Herrn versehen lassen, und
dabei erinnert worden, da sie jemand aus Haß oder Neid unschuldig angegeben, solchs zu corrigiren und die Wahrheit zu berichten, hat sie hoch
betheuert, daß das wahr wäre, was sie bekennet und daß sie vorhin noch
zwei Personen vergessen, als Anneke Apendorf und Frerks Methken
Tochter Geesche, welche auch in Bosche Heinrichs Hause mit auf dem
Tanze gewesen. Daselbst hätten Pilken Cordes und Frerks Methke mit
dem Teufel getrunken und sich mit ihm verbunden.

Diese Weiber sind alle mit einander eingezogen und theils mit Ahlke
Bornemann confrontiret, und sonsten wider sie inquiriret worden; weilen sie aber in Güte nichts bekennen wollen, und man auch sonsten keine
indicia zu scharfer Procedur wider sie gehabt, sind sie der Haft auf Kaution erlassen, wider Frerks Methke hat man zwar beikommende Indicia
ad inquirendum; aber es mangelt an Leuten, die solche indicia bekund-
schaften. Zudem ist sie schwach und krank, daß man sie nicht wol wieder
einziehen lassen darf.

act. no. 8.
(Amtsbericht)

worin um Verhaltungsregeln gegen die Angeklagte Meyer, unter Mittheilung der Acten, nachgesucht wird.

act. no. 9.
(Instructorium)

Unsern rc.

Wir haben aus Euren Bericht wegen der Meyer zu Aldorf derselben get-
hanes peinliches Bekenntniß und ferner geschehene Anhörung und Aussage mit mehrern vernommen.

Ob sich nun wol nach Verordnung der Rechten gebühren wollte, die
Tortur an der Inhaftirten, nachdem sie ihre peinliche Urgicht hernach-
mals geleugnet, zu repetiren: so ist dennoch bewandten Umständen nach
für Recht befunden worden, die Acta, welche Ihr zu solchem Ende hiebei zu empfangen, nochmals zu verschicken. Begehren demnach anstatt
Serissimi etc.: Ihr wollet solches fördersamst zu Werke richten, und das

einkommende responsum darauf sammt den Acten wieder zurückfertigen. So viel diejenigen Personen, welche sich selbst ohne Erlaubniß aufs Wasser werfen lassen, betrifft, ist man mit Eurem Vorschläge, daß ihnen ein gewisser terminus, sich zur Kirchenbuße zu stellen, oder des Landes zu äußern, aufgesetzet, darüber gehalten und ferneres Aergerniß verhütet werde rc.

Datum Zelle d. 13 Aprilis aô 1653.

Fürstl.rc. Räthe

N. N.

act. no. 10.
(Urtheil)

Unser rc.

Die, in peinlicher Sache wider die Meyer zu Adolf ergangene, Uns abermals zugesandte Acta haben wir mit gehörendem Fleiß verlesen, collegialiter wohl erwogen und berichten darauf für Recht: daß die inhaftirte Meyer wegen ihrer Variation und bei den Acten befindlichen anderen indiciis mit scharfer peinlicher Frage nochmals schärfer als vorhin anzugreifen, ihre Aussage über die, ihr vorhin

vorgehaltenen, interrogatoria und insonders über das 12 fleißig zu protocolliren, und ergehet alsdann nach Befindung weiter, was Rechtens.

Von Rechtswegen rc.

Gegeben Rinteln den 16 May aô 1653.

Der Herrn dienstwillige
Dechand senior rc.

act. no. 11.
(Verhör der Angeklagten)

Mittwoch den 25 May ist die Meyer wiederum vorgenommen, zuvörderst nicht allein durch uns, sondern auch vorher durch den Pastoren fleißig ermahnet worden, in Güte zu bekennen, damit nicht nöthig wäre, scharfe Mittel wider sie vorzunehmen. Als sie aber von nichts wissen wollen, ist einkommener Belehrung nach mit ihr zur Tortur geschritten, und hat aus die, de novo wieder vorgehaltenen, Fragen folgendergestalt geantwortet:

ad.1.
Resp. extra torturam: daß sie Promann zwei Eier gegeben könne sie nicht leugnen, habe es auch vorhin gestanden.

ad. 2.
Von Würmern wisse sie nicht, habe sie auch nicht darin gemacht.
Interrog. Wo die Eier denn hergekommen?
Resp Die Bosche Deppen Frau habe sie ihr gethan.
Auf ferner Zureden und Bedrohen bekennet sie, sie habe 2 kleine Würmer mit der Nadel darin gebracht.
Int. Wo sie die Würmer gekrigt?
Resp. Die Deppe habe sie ihr gebracht.
Inter. Warum sie es gethan?
Resp. Sie hätte es nicht gethan, sie sagte es darum, daß sie nur sterben wollte, dann weile sie geschwommen, mögte man ihr den Kopf lassen wegschlagen.

Als sie nun also variiret, sich zwar etlichermaßen schuldig gegeben, gleichwol nicht bekennen wollen, hat der Büttel sie müssen angreifen. Wie sie aber gebeten, mit der Tortur einzuhalten, und angelobet zu bekennen, ist sie mit ferner Peinigung verschonet, und hat folgendes ohne Pein bekennet:

Der Teufel hätte ihr die Eier gebracht, daß sie die Promann geben sollte.
Inter. Zu was Ende?
Resp Daß er damit vergeben werden sollte.
Inter. Aus was Ursach sie ihn vergeben wollen?
Resp. Darum, daß Promann sie haben wollen und sie ihn nicht begehret.

ad. 3.
Der Teufel hätte es auf ihr Begehren gethan.

ad. 4.
Darum, daß er sie nicht gewehren lassen wollen.

ad. 5.
Die Deppe hätte das Leinen ihr und sie hinwieder der Rungen Geesche gegeben.

ad. 6.

Sie hätte nichts darin gemacht, sondern die Deppe hätte gesagt, da wäre was in, da sollte sie ihren Lohn wol von kriegen, hätte etwas darin genähet gehabt.
ad. 7.
Wäre sehr boshaftig gewesen und mit den Soldaten herumge- laufen und hätte den Leuten viel Leid angethan, auch ihr ein Schwein todt geschlagen.
ad. 8.
Möge es wol gethan haben.
ad. 9.
Affirmat, der Teufel habe sie es gelehret.
ad. 10.
Sie spannete einen Riemen, welchen ihr der Teufel gegeben, um die Karne und wäre der Riemen von braunem Leder.
Inter. Ob ihre Tochter der Deppe Tochter den Riemen nicht mit hingegeben, wie die die Karne geliehen?
Resp. Der Riemen wäre in dem Ohr und Handgriff der Karne angemachet.
ad. II.
Das hätte Deppe Boschen Frau selbst gethan.
Inter. Woher sie solches wisse?
Resp. Sie hätte es ihr selber gesagt, daß sie der Teufel dazu verführet, daß sie ihre eigenen Schafe umbringen müssen.
ad. 12.
Saget: Ja! das könne man wol erachten.
ad. 13.
Es sei wol 23 Jahre, da hätte sie bei der Meyer zu Rechtern gedienet, die hätte es ihr aus dem Flachse gelehret durch diese Gelegenheit, daß sie ihr einen Freier angestellet und, wie sie annuiret, wäre einer in blauen Kleidern gekommen und hätte sich Paul genannt, der hätte ihr große Zusage gethan und einen Thaler auf die Hand gegeben, wäre aber hernach nur Koth gewesen und sie hätte ihm hingegen zugesaget, treu und hold zu sein.
Inter. Wer mehr dabei gewesen und ob sie ihm nicht zuschwören müssen?
Resp. Es wäre niemand mehr dabei gewesen, als sie, Inhaftirte, die Meyer zu Rechtern, und die Deppe und hätte sie zwar dasmal nicht, sondern einen Tag 2 oder 3 hernach, da er, der Freier, wieder zu ihr in ihres Vaters Haus, da sie allein in der Kammer gewesen, gekommen, Gott

ab- und dem Teufel zugeschworen und sie hätte ihm 3 Kreuzhalbe Grote gegeben.

Admonita: Daß die Deppe ja zu Rechtern nicht gewohnet, wie die dann dahin kommen?

Resp. Ob solche Leute nicht wohin kommen könnten?

Inter. Was sie dann eigentlich anloben und welcher Gestalt sie schwören müssen?

Resp. Hätte stehend mit aufgehobenen Fingern geschworen, daß sie sein eigen sein und alles thun wollte, was er ihr heiße.

Inter. Wem sie dann solcher Verpflichtung nach Leid gethan?

Resp. Habe Gottlob! keinem Menschen Leid gethan, darum hoffe sie auch selig zu werden.

ad. 14.

Negat. Sei daselbst nicht mitgewesen, wisse auch nicht, wer da gewesen. Sonsten kämen sie oft zusammen, bald in ihrem bald in der Deppe Hause und tanzeten und sprängen.

Auf Erinnern und Befragen des Büttels bekennete sie auch, daß sie alle Maitag Abend auf einem Berge in Promanns Kampe zusammenkämen.

Inter. Wer sich dann mehr bei solcher Zusammenkunft fände?

Resp. Die Deppe, die Lenecker, die Vogelsang und Harm Schmidts Frau.

Wie sie nun hiebei ermahnet, niemand unschuldig anzugeben, und woher sie wisse, daß die Deppe zaubern könne?

Resp. Die Deppe hätte es eher gewußt, ehe sie, und hätte es von ihrer Mutter erlernet, deren Buhle hieße Marten, hätte schwarze Kleider angehabt und schwarze Federn auf dem Hut.

Inter. Ob die Deppe auch sonsten was Böses ausgerichtet, etwa Menschen oder Vieh vergeben und umkommen lassen?

Resp. Sie hätte ihre eigenen Beester vergeben.

Inter. Woher sie solches wisse?

Resp. Ihr Buhle habe es ihr gesaget.

Inter. Ob sie mit ihrem Geist auch gebuhlet?

Resp. Das könne man ja wol gedenken. Bat vielfältig, daß sie doch mit dem Schwerdt begnadigt werden mögte, weil sie keinem Menschen Leid gethan, und daß der Priester zu ihr kommen mögte.

Den 26 ist der Priester zu ihr gangen, und hat sie zur Buße vermahnet, und als er ihr vorgehalten, was Zauberei für eine große Sünde wäre, hat sie wieder angefangen zu leugnen, was sie vorhin bekennet und ganz von keiner Zauberei wissen wollen. Dannenhero der Priester nichts bei ihr schaffen können.

Den 27 dito ist die Deppe, Bosche Deppe Hausfrau, zu Aldorf vorbeschieden, und ihr, was die Meyer auf sie bekannt, vorgehalten, hat aber alles geleugnet, und von nichts wissen wollen, gleichwol gebeten, weilen sie hiedurch sehr anrüchtig gemachet, zu vergönnen, daß sie auf das Wasser geworfen werde und ihre Unschuld jedermann darthun möge; Denn uns ohne Zweifel würde bekannt sein, was der Herr Christus davon gesprochen: Wo soll man die Unfrommen bei erkennen? Das soll man bei dem Wasser thun, da die heilige Taufe aus gemachet. Das Wasser könne Fromme und Unfromme scheiden. Vor 24 Jahren ungefähr sei sie auch mit der Meyer wegen Scheltworte und beschuldigter Hexerei vorm Amte gewesen und habe die Wasserprobe begehret; sei aber nicht zugelassen, sondern ihnen bei 50 Goldgulden Strafe Hand und Mund zu halten verboten worden.

Folgends ist sie mit der Meyer confrontiret, und in deren Gegenwart ihr wiederum vorgehalten, was sie auf sie bekennet; die aber bei ihrer Bekenntnis nicht beständig geblieben, sondern hat alles revociret und vorgegeben, weil man ihr mit der Tortur so hart gedrohet, und sie deren nicht geübrigt sein können, bis sie etwas bekennet, so habe sie lieber die Deppe als andere angeben wollen, weilen dieselbe sie nicht allein in's Gerüchte, sondern auch in dies Elend gebracht, welches alles wegen abgepflügeten Landes, darüber

sie in Streit und Hader gerathen, entstanden.

Dieweilen aber der Meyer hierin nicht getrauet werden können, nachdemmalen sie nicht allein bei der Tortur auf die Deppe bekennet, sondern auch sonsten vielmals extra torturam judicialiter und extra judicialiter gesaget, die Deppe wäre, was sie wäre, und sich dabei vermessen, dafern sie nicht eben so wol, als sie gethan, fließen würde, daß man ihr den schmählichsten Tod anthun sollte, die Deppe auch sonsten etwas verdächtig gehalten, derwegen hat man zugelassen, daß sie aufs Wasser geworfen worden, und, nachdem sie geschwommen, hat man sie wieder vorgenommen, ernstlich eraminiret auch endlich terriren lassen, aber hat nichts bekennen wollen.

Folgends hat man der Meyer ihr Bekenntniß wieder vorgehalten und ob sie beständig dabei bleiben wolle, vernommen, ihr auch zu Gemüth geführt, daß sie ja extra torturam die Deppe vielfältig beschuldiget, und begehret, dieselbe gleich ihr einzuziehen, warum sie denn nun ein anderes sagte und vorgebe, daß sie es aus Pein gethan?

Darauf sie geantwortet: daß nicht allein dasselbe, was sie von der Deppe angegeben, sondern auch alles, was sie sonsten sowol von ihrer als anderen Personen ausgesaget, und bekennet, falsch wäre, hätte es aus Pein und ex metu torturae, auch von der Deppe aus Haß gesaget, und wüßte sich keiner Hexerei schuldig, hat sich auch in dem Gefängniß übel gebehrdet und angestellet, und als sie darüber zur Rede gestellet, vorgegeben, der Teufel wäre da, und wollte mit ihr fort, darum, daß sie unschuldige Leute angegeben.

Als sie nun also variiret, und, was sie auf die Deppe bekannt, widerrufen, ist die Deppe bis aus fernere Verordnung gegen Caution der Haft entlassen.

in fidem protocolli N. N. N. N.

act. no. 12.
(Urtheil)

Unser rc.

Als dieselbe uns abermals die, wider die Meyer zu Aldorf ergangene, Acta und was sie am 25. 26. und 27 Mai oxtra torturam bekannt, und hernach wieder geleugnet, zugesandt, und wir wider sie weiter zu procediren, unsere rechtliche Meinung erfordert; Demnach haben wir den Verfolg mit Fleiß verlesen, collegialiter wohl erwogen, und berichten für Recht: daß die, am 16 May von uns erkannte schärfere Tortur wider die Inquisitinn zu vollenstrecken und sie dabei über alle Puncte nochmals zu befragen sei. Vorher aber wird nöthig sein, daß die Butterkarne, davon sie ad interrog. 10 bekannt, in's Gericht geholet, und zugesehen werde, ob der, von ihr bekannter, brauner Riemen daran zu finden; und als er vorhanden, derselbe auch an einer andern Butterkarne zu probiren, die Inquisitinn desto besser zu convinciren. Sollte aber der Riemen nicht vorhanden sein, so ist durch dazu deputirende treue Personen in ihrem Hause fleißig nachzusuchen, ob ein solcher Riemen oder andere, Zauberei auf sich tragende, Sachen vorhanden, ihr dieselbe vorzuhalten und alsdann mit der Tortur obgesagtermaßen zu verfahren. Würde sie dann auf ihrer vorhin gethanen Bekenntniß beharren, anderweit mehr bekennen, oder auch

die wiederholte Bekenntniß hernach wieder leugnen, so ergehet nach Befindung der Umstände weiter, was sich gebühren wird.
Von Rechtswegen. Gegeben Rinteln den 21 Julii anno 1653.

Der Herrn dienstwillige
Dechand senior rc.

act. no. 13.
(Verhör der Angeklagten)

Auf eingelangte abermalige Rechtsbelehrung der Juristen-Facultät zu Rinteln vom 21 Julii ist zuvörderst die Butterkarne an's Amt geholet, und der Meyer Haus durch den Voigt zu Barnstorf und andere Beigeordnete durchsuchet, aber, so wenig in den Kasten, Schupfen und Laden, als an der Butterkarne Verdächtiges gefunden worden.

Folgends den 28 Julii ist die Meyer vorbeschieden und, was zu Rechte wider sie erkannt, ihr vorgehalten worden. Woraus sie geantwortet: Was sie vorhin bekannt, da wollte sie bei bleiben, und gern daraus sterben und sich nicht weiter peinigen und martern lassen, bat, daß sie doch mit dem Schwerdt begnadet und mit fernerer Tortur verschonet werden mögte. Welches ihr dann verhießen, wenn sie die Wahrheit bekennen würde, mit angehängter dienlicher Ermahnung und Bedrohung und hat sie aus die Fragestücke, welche ihr wiederum vorgehalten, und was sonsten dabei zu erinnern und zu erforschen nöthig befunden, ohne Tortur und ungebunden, gleichwol in Praesens des Büttels an dem Folterplatz, geantwortet und frei-willig bekennet, wie folget.

ad interrogatoria
ad. 1, Affirmat
ad. 2, desgl.
Inter. Wo sie die Würmer gekrigt
Resp. Die Deppe habe sie ihr gethan.
Inter. Wie die Würmer gestaltet gewesen?
Resp. Wären gelbartig gewesen und hätten kleine rothe Köpfe gehabt.
Inter. Wie sie dieselbe in die Eier gebracht?
Resp. Hätte sie mit der Nadel darin gemacht.
Admonita. Es scheinete genug, daß sie nicht die rechte Wahrheit bekennen, sondern die Obrigkeit nur verleiten und betriegen wolle, sintemal sie vorhin bekannt, daß der Teufel ihr die Eier gebracht und sie

jüngsthin bei der Konfrontation von der Deppe nichts wissen wollen, sondern vorgegeben, was sie aus sie bekennet, solches aus Haß geschehen wäre, warum sie es denn nun wieder auf die Deppe geben wollte, und was dieselbe mit Promann zu thun gehabt?

Resp. Die Deppe wäre alles ihres Übels eine Ursache und hätte es ihr zu Gefallen gethan, dann sie zusammen einen Buhlen gehabt.

Inter. Ob dann die Deppe auch zaubern könne und Gemeinschaft mit dem Teufel habe?

Resp. Ja, die Deppe habe sie dazu verführet und ihr den Buhlen zugebracht.

Inter. Wanehr und wo solches geschehen?

Resp. Als Ridder zu Aldorf seine Frau gekrigt, auf deren Hochzeit hätte die Deppe sie des Abends mit nach ihrem Hause genommen und auf ihrem Hofe zwischen einem Baum und Zaun ihr den Buhlen zugeführet.

Inter. Warum sie denn vorhin bekannt, daß die Meyer zu Rechtern sie verführet?

Resp. Sie hätte damals die Deppe noch nicht so sehr angeben wollen.

Admonita: Sie solle keine unschuldige Leute angeben, sonsten würde sie so viel schwerere Sünde und folglich so viel schwerere Strafe auf sich laden.

Resp. Was sie bekennet, wäre wahr, da wollte sie auf leben und sterben.

ad. 3. Da wäre sie unschuldig an, er wäre von sich selbst gefallen.

Admonita: daß sie früher anders bekannt.

Resp. Dafern solches geschehen, hätte sie Unrecht berichtet und hätte die Frage nicht recht eingenommen.

Auf fernere Zuredung sagt sie: Die Deppe habe es aus ihr Begehren durch ihren Buhlen gethan, weilen sie es selber nicht thun können.

ad. 4. Saget: daß er ihr nachgegangen und sie haben wollen, sie aber ihn nicht gewollt und ihn nicht leiden mögen, darum sie ihn umbringen wollen.

ad. 5. Die Deppe habe das Leinen ihr gethan und sie es Rungen Geesche wieder gegeben.

Inter. Wie viel Leinen es gewesen?

Resp. Eine halbe Stock-Elle.

ad.6. Die Deppe hätte etwas darin genähet gehabt.

Rungen Geesche und sie hätten sich darum erzürnet, daß ihr Bruder ihr ein Schwein todt geschlagen; derowegen sie die Deppe gebeten, daß sie ihr das Leinen geben sollte, weil sie Eines Glaubens gewesen.

ad. 8. Sie möge es wol gethan haben, wüßte es so eigentlich nicht mehr.

ad. 9. Negat.

Admonita: Daß sie ja vorhin bekannt, daß sie einen Riemen dazu gebraucht und wie der Riemen beschaffen gewesen?

Resp. Die Deppe hätte ihr wol ein- oder zweimal einen Riemen dazu geliehen.

Inter. Wie es denn gemacht mit dem Riemen?

Resp. Der Riemen wäre so lang gewesen, daß er um die Karne gereichet, aus dem einen Orte spitz und aus dem ändern Orte ein Loch dadurch, daß man den spitzen Ende dadurch stecken und zubinden können.

Inter. Wie breit?

Resp. Etwas breiter als ein gemeiner Riemen.

Inter. Ob sie allein den Riemen oder auch Wörter dazu gebraucht?

Resp. In des Teufels Namen gössen sie den Rahm in die Karne.

Inter. Ob sie dem Teufel befohlen oder gebeten?

Resp. Befohlen, ihm, Butter zu schaffen.

ad. 10. cessat.

ad. 11. Die Deppe hätte es selber gethan. Der Buhle habe es ihr gesagt.

ad. 12. affirmat.

ad. 13. Es seien wol 14 oder 15 Jahre oder etwas länger und sei in Deppen Hofe geschehen, wie oben bekannt.

Inter. Was sie dem Teufel und er hingegen ihr zugesaget?

Resp. Sie hätte ihm 3 halbe Grote und er ihr hinwieder viel verheißen aber hätte nichts gekrigt.

Inter. Ob sie ihm sonsten nichts anloben und zuschwören müssen?

Resp. Sie wollte ihm treu und hold sein und ihm anhangen.

Inter. Ob sie nicht Gott und seinen heiligen Engeln abschwören müssen?

Resp. Ja!

Inter. Ob sie stehend oder liegend schwören müssen?

Resp. aus dem Rücken liegend.

Inter. Wie er sich nennen lassen?

Resp. Paul.

Inter. Wer mehr dabei gewesen?

Resp. Niemand als die Deppe.

ad 14. Hätten nicht viel getanzet, jedoch zuweilen wol in ihrem und der Deppe Hause und insonderheit des Donnerstags.

Inter. Wer mehr?

Resp. Niemand als ihr Buhle.

Inter. Ob der denn mit beiden zugleich getanzet?
Resp. Mit einer um die andere.
Inter. Ob sie wol ohne Spielleute tanzen können?
Resp. Es wären 2 Spielleute da gewesen, kurz von Personen.
Inter. Was für ein Instrument sie gehabt?
Resp. Pfeiffen.
Inter. Was sie hernach gemacht? Ob sie auch mit dem Teufel buliret?
Resp. Das könne man wol gedenken.
Inter. Ob sie auch auf dem Tanze in der Haide mit gewesen?
Resp. Nein!
Admon. Es wäre nicht glaublich, daß sie allein getanzet, würden ohne Zweifel mehr dabei gewesen sein.
Resp. Rungen Mette sei mit auf dem Tanze gewesen.
Inter. Ob die denn auch ihre Kunst könne?
Resp. Ja, die Deppe hätte es derselben gelehret, wie sie bei ihr gedienet und hätte ihren eigenen Buhlen gehabt.
Inter. Wie der Buhle hieße?
Resp. Lambert.
Inter. Was für Kleider?
Resp. braune.
Admon. Es würden noch mehr da gewesen sein.
Resp. Wenn sie mehr nennen sollte, so müßte sie unschuldige Leute angeben. Bat, sie nicht weiter damit zu beschweren.

Den 29 Julii, ungeachtet sie an Händen und Füßen geschloffen, ist sie die Nacht ausgebrochen, den Morgen am 30 aber etwa eine Viertel-Meile von Diepholz bei einem Busche in den Haken wieder ertappt worden. Und wie sie darüber zu Rede gestellt, wie sie los gekommen und warum sie sich davon machen wollen? hat sie gezeiget, daß sie den Fuß aus den Beinhelden, auch die eine Hand aus den Hand-Klauben ausziehen können, und vorgegeben, die Ursache, daß sie weggangen, wäre diese, daß sie ihr armes Kind, welches ihr stets im Sinne läge, und sehr jammerte, retten, die Obrigkeit auch ihrethalben ihre Seele nicht in Gefahr setzen mögte.

Inter. Ob sie etwa revociren wollte, wie sie das vorige mal gethan, sie hätte ja gestern sich anders erkläret?
Resp. Sie wollte gern sterben, aber sie wäre keine Hexe; hätte sie der Pein geübrigt sein wollen, so hätte sie wol was sagen müssen.

Eodem ist sie abermals mit der Deppe confrontiret und was sie auf dieselbe bekannt ihr vorgehalten und

1, wegen der Eier, die sie Promann gegeben, sagte die Meyer der Deppe in faciem, sie hätte ihr die Eier gegeben, die Deppe leugnete es mit Fluchen und Schelten.

Admonita, daß sie bekannt, die Deppe hätte ihr die Würmer und nicht die Eier gethan.

Resp. Die Deppe hätte ihr gesaget, wo sie die Würmer nehmen sollte, nämlich am Zaun und da habe sie sie auch genommen. Deppe leugnete es.

2, daß sie bekannt, die Deppe habe auf Ridders Hochzeit sie mit nach ihrem Hause genommen und ihr ihren Buhlen zugeführet.

Die Deppe saget: wisse nicht, daß sie mit ihr auf Ridders Hochzeit gewesen.

Die Meyer ermahnet, sollte ihr den Ort und die Umstände, was vorgangen, vorhalten, hat aber nichts beständiges vorgebracht, sondern aus vieles Zureden und Befragen gesaget: sie hätte ihr zugesaget, sie wollte ihr viel Gutes thun, sie sollte genug haben; sie wollten Eines Glaubens leben und endlich, sie mögte mit hineingehen, sie wollte ihr Gutes, thun, alles, was das Haus vermögte.

Deppe bleibet dabei, sei nicht aus Ridders Hochzeit gewesen, noch sie in ihr Haus gefordert.

3, Ob sie nicht gesaget, und wahr sei, daß die Deppe aus ihr Begehren Promann von der Torf-Schuppen fallen lassen?

Resp. Dieweil die Deppe es angegeben, daß Promann durch Zauberei in den Pfahl gefallen, so müsse sie es gethan haben, sonst wisse sie es nicht.

Admonita: das wäre nicht genug, solchergestalt unschuldige Leute anzugeben.

Resp. Warum die Deppe sie angegeben, sie wäre eben so unschuldig, ihr wäre auch eine Tochter unter einem Fuder Heu zu Tode gefallen, das könnte sie nicht den Menschen beimessen, daß die es gethan. Promann hätte ihr ja kein Leid sondern alles Gutes

angethan und ihre Kinder im Blutgange gehandhabt, auch hätte er ja sein Weib gehabt, wie er sie denn freien sollen?

4, Ist die Deppe gefraget, ob sie der Meyer Leinwand gethan, das sie Geesche Runge geben sollen!

Resp. Nein! hätte ihr kein Leinen gegeben.

Die Meyer saget imgleichen, sie hätte Geesche Runge kein Leinen gegeben.

Inter. Warum sie es denn vorhin bekannt, und vorgegeben, daß die Deppe es ihr gethan? und etwas darin genähet gehabt?

Resp. Darum, daß die Deppe es von ihr angegeben.

Die Deppe: daß sie solches nicht fälschlich angegeben, sondern die Runge es ihr, der Meyer, vielmals in die Augen gesaget.

Meyer saget, es sei nicht wahr.

5, Die Deppe gefraget, ob sie der Meyer einen Riemen geliehen, den man um die Butterkarne spannete, und dann viel Butter karnen könnte?

Resp. Sie wisse von keinem Riemen, habe auch der Meyer keinen Riemen gethan.

Die Meyer: Da sie einen Riemen gehabt, so müsse ihn die Deppe ihr gethan haben.

Interrog. Warum sie solche unwahrhafte Dinge vorgegeben?

Resp. Darum, daß die Deppe es von ihr angeben; es wäre ja alles erdichtet mit dem Riemen, sie hätte keinen Riemen gehabt, wäre auch ja von Haus weggewesen, da die Deppe sollte ihre Karne gehabt haben; wer gesehen, wie viel Milch darin gewesen und wie viel Butter davon kommen? Die Zeugen, so wider sie gezeuget, wären der Deppe Freunde und erbetene Zuzeugen. Man mögte die Mägde, so bei ihr gedienet, und die Leute so täglich mit ihr umgangen, abhören, ob sie ihr Tag mehr Butter gekarnet, als natürlich geschehen sollen.

Die Deppe ihr vorgehalten, sie hätte ihr gleichwol 3 Vierteljahre das Molken gestohlen.

Die Meyer leugnet es mit Fluchen und Schelten.

Die Deppe berichtet, daß sie nach dem weisen Mann darum geschicket, welcher ihr sagen lassen, daß dieselbe, davon sie das geliehen und gegeben, es thäte, und Rath gegeben, sie sollte etwas Stroh heimlich aus deren Dach über deren Molkenkammer ziehen, ein Kreuz davon binden und unter das Schmalzküven legen, so würde sich's bessern. Sobald sie dieß gethan, hätte es sich verändert.

Die Meyer saget: Ob sie dem Teufel glauben wollte, denn der weise Mann hätte es ja sonst nirgends her, als vom Teufel. Der weise Männ hätte ihr auch sagen lassen, die Bademutter hätte ihrem Sohn den Schaden an der Zunge gethan, daß er nicht reden konnte. Nun wäre sie, die Deppe, ja die Bademutter gewesen, hätte sie aber aus des weisen Mannes Rede nicht fort besprechen und beschuldigen mögen.

6, Die Meyer gefraget: ob die Deppe ihr geklaget oder berichtet, daß sie ihre Schafe vergeben und sterben lassen?

Resp. Hätte ihr gesaget, daß ihr Schafe umkommen wären.

Admonita: Daß solches ein anders wäre, und wie sie es ver¬antworten wollte, und billig strafwürdig wäre, daß sie die Deppe fälschlich angebe und beschuldigte.

Resp. Die Deppe hätte es verursacht, und sie zuerst fälschlich angegeben und darüber in so groß Elend gebracht, darum könnte sie ihr so wehe nicht thun, als sie es wol um sie verdienet.

Admonita: Was wider sie vorgenommen, wäre nicht aus bloßes Angeben der Deppe, sondern vielmehr aus eidliches Zeugniß anderer Leute geschehen.

Resp. wie vorhin, Die Zeugen wären der Deppe Freunde und gebeten, daß sie das, was sie gezeuget, ihr zu Gefallen mögten zeugen Bat, daß sie auch Zeugen abhören lassen mögte. So wenig es sonsten die Deppe gethan, und schuldig daran wäre, so wenig wäre sie auch schuldig daran.

Porro admonita, und ihr vorgehalten, warum sie denn geflossen und woher sie wissen können, daß die Deppe auch fließen würde und sich vermessen, den schmählichsten Tod zu leiden, wo sie nicht fließen würde, und immerfort begehret, man mögte die Deppe auch einziehen lassen, die wäre, was sie wäre?

Item, so viel Puncte mit so viel Umständen und zwar extra torturam bekennet, da sie so ernstlich und vielfältig ermahnet worden, nichts anders, als was wahr wäre, zu bekennen, welches gleichwol großen Verdacht aus sich hätte und sie so gar unschuldig nicht sein könnte, scheinete, daß sie nur die Obrigkeit suchte zu verleiten und zu verwirren und sich der Strafe zu entbrechen.

Resp. Sie wolle nichts widerrufen, auch alles gern gethan haben, womit sie beschuldigt würde, wäre auch bereit zu sterben, wenn wir es verantworten könnten, hätte uns aber die Wahrheit auch gesaget, daß sie keine Hexe und alles falsch wäre, was von ihr angegeben worden.

in fidem protocolli

N. N. N. N.

act. no. 14.
(Amtsbericht vom 4 August 1653)

worin, unter Anschluß der Acten, um weitere Verhaltungs-Regeln ersucht, zugleich aber vorgeschlagen wird, die angeklagte Meyer des Landes zu verweisen.

act. no. 15.
(Rescript der Ober-Behörde)

Unser rc.

rc.

Die Meyer zu Aldorf aber betreffend, so befindet sich, daß Ihr dieselbe mit der am 21. Julii von der Juristen-Facultät zu Rinteln anderweit erkannten Tortur noch nicht belegen lassen. Dieweilen sie aber in ihrer gethanen Aussage allemal variiret und nicht bei Einer Rede verbleibet, zudem, daß sie bei Nacht aus dem Gefängniß losgebrochen und davon gangen, sich noch mehr verdächtig gemachet, so hätte man daher Ursache, die erkannte Tortur an ihr vollenstrecken zu lassen. Begehren aber anstatt Seren. rc. nach erwogenen Acten und Umständen wir hiemit, daß Ihr die fernere Tortur nicht vorgehet, sondern sie aus Seren. rc. Fürstenthum und Landen ewig verweisen und selbige verschwören lasset. rc.
Datum Zelle den 12. Augusti aô 1653.

Fürstl.rc. Räthe

N. N.

act. no. 16.
(Urtheil)

In peinlichen Sachen des Diepholzischen fiscalis, Anklägers, an einem, wider Meta Meyer von Aldorf, Angeklagte, am andern Theil, beschuldigter Zauberei, hat der rc. Fürst und Herr Christian Ludwig rc. auf ergangene Acta und nach Anleitung Kaisers Carolis peinlicher Hals-Gerichts-Ordnung geführten peinlichen Prozeß für Recht erkannt und verordnet, daß zwar Angeklagte, weilen sie in ihrer Aussage und Bekenntniß allemal variiret, und nicht bei Einer Rede verbleibet, zudem, daß sie bei Nacht aus der Gesängniß losgebrochen und davon gangen, sich noch mehr verdächtig gemachet, mit der durch eingeholte Rechtsbelehrung erkannten anderweiten Tortur und zwar schärferer peinlicher Frage zu belegen, und dieselbe an ihr zu vollenstrecken wäre, selbige aber nun unterlassen, sie aus rc. Fürstenthum und Landen ewig verweisen werden, und dieselben

verschwören solle, gestalt sie denn hiemit vorhergesagte Fürstenthum und Lande hiemit verwiesen, selbige also, nach geleisteter Urphede, also fort zu räumen und nimmer wieder darin zu kommen ihr bei Leib- und Lebens-Strafe geboten wird. Von Rechtswegen. Pronunciatum Zelle d. 12 Augusti aô 1653.
Publicatum et executum 26 Augusti aô 1653.

act. no. 17.
(Urphede der Meyer)

Ich Margareta Meyer gelobe und schwöre hiemit einen leiblichen Eid zu Gott im Himmel und auf sein heiliges Wort, daß ich diese meine Gefängniß und was mir darin begegnet, und widerfahren, weder an S. F. D. meinen gel. F. und Herrn, deren Räthe, Beamte und Diener, noch an jemanden, wer er auch sein mögte, der zu dieser meiner Verhaftung Ursach, Rath oder That gegeben, oder auch deswegen von mir in Verdacht gehalten wird, weder heimlich noch öffentlich ahnden, eisern noch rechnen, noch solches durch andere thun lassen, auch S. F. D. Erkenntniß und Verordnung gehorsamlich Nachkommen, und also fort aus dero Fürstenthum und Landen mich wegmachen und nimmer wieder darin kommen will, so wahr mir Gott helfe und sein heiliges Evangelium!

act. no. 18.
(Antrag des Bürgers Gerd Meyer in Oldenburg)

Hochwohlgeboren rc.

Ew. rc. werden sich ohne Zweifel zu erinnern wissen, wie nämlich nun schon über ein Jahr die Deppe zu Aldorf meine Schwägerin Greta Meyer hat für eine Hexe gescholten, wie sie auch deswegen ein ganz Jahr gefangen gesessen, etliche male gepeinigt worden und endlich mit Steinen ausgeworfen und ewig des Landes verwiesen worden. Sie aber, die Deppe, ist frei gelassen und gehet noch ohne alle Straft als eine große und ehrliche Frau frei, da sie doch gleichfalls beschuldiget ist, daß sie eine bösere Hexe sei als die andere, wie gemeldet. Gelanget an Ew. rc. derowegen

mein demüthigstes dienstfleißiges Bitten, Ew. rc. wollen großgünstigst geruhen, die Deppe gleichfalls in gebührende Straft zu nehmen, oder aber, wo wider Verhoffen Ew rc. nicht damit helfen könnte oder wollte, würden wir gezwungen sein, und an die Fürstl. Canzlei zu Zelle zu begeben und selbiges klagend vorzubringen.
Ew. rc. Diener

Gerd Meyer

Bürger in Oldenburg.

act. no. 19.

ist ein Schreiben der Angehörigen der Margareta Meyer in Aldorf, worin folgendes, in Übereinstimmung mit vorstehendem Antrage (act. no. 18) vorgetragen wird:
Als die rc. Meyer von langer Haft und Tortur entkräftet, endlich aus der Haft entlassen und zu Wagen durch D ... abgeführt worden, sei sie von dortigen Einwohnern gesteiniget, sei dann bis in das Holz zur Henge-Mühle (eine halbe Stunde von Diepholz entfernt) gefahren, dort abgeworfen und habe an jener Stelle unter freiem Himmel zwei Tage und Nächte hülflos gelegen, bis sie, die Ungehörigen, sie von dort weggeholet und nach Haus gebracht haben. Dort liege sie noch vernichtet und dem Tode nahe und könne sie in diesem Zustande nicht außer Landes gebracht werden. Vielmehr sei es, wenn sie doch nicht weiter begnadigt werden könne, besser, sie sofort vom Leben zum Tode zu bringen rc.

No. IV.

ACTA INQUISITIONIS

câ

Sander Rövekamps Ehefrau
wegen angeschuldigter Hexerei
(1654)

act. no. 1.
(Anzeige und Untersuchungs-Protocoll)

Protocollum in Sachen
Johann Schmidt, Ankläger
câ
Momcke Rövekamp, Sander Rövekamps Ehefrau, Angeklagte

Montag den 23. Octbr. ad 1654 erschien vor dem Amte Johann Schmidt und brachte klagend vor: daß sein Sohn Heinrich so elend darnieder liege, heftig gequälet würde und weder Tag noch Nacht Ruhe haben könnte und hätte solches gekrigt auf seiner Tochter Hochzeit erschienen Freitag 8 Tage (ist der 13. gewesen), da Angeklagte ihm einen Becher Bier zugetrunken, ihn auf den Schooß niedergezogen und genöthiget denselben auszutrinken und sobald er den Trunk gethan, wär ihm sehr übel geworden, und wäre weggangen, hätte sich niedergelegt in dem Hotjerschen Hof und verhoffet, es sollte sich   ändern, wäre aber nachgerade ärger und endlich so schlimm geworden, daß er nicht mehr reden und weder Hand noch Fuß regen können, wäre dicke geschwollen und der Schmerz ihm kreuzweise durchgezogen.

Wie nun die Verwandte ihn also gefunden, hätten sie M. Cord den Barbierer holen lassen und dessen Rath gepflogen, welcher denn also fort gesaget, er hätte Gift eingekrigt und hätte ihm dawider etwas eingegeben, dadurch er sich ein wenig erholet, daß er reden und berichten können, wo er die Krankheit gekriget. Folgends hätten sie Rath bei einem medico zu holen und ändern gesucht, welcher wider Gift ihnen etwas mitgetheilet, und als der Patient solches ein-genommen und er sich davon salva venia übergeben, hätte er einen lebendigen wunderlichen Wurm mit einem rothen spitzigen Kopf und am andern Ende mit 4 spitzigen Stacheln, so er auslassen und ein¬ziehen können, sonsten durchscheinend wie Glas, evomiret, (welchen Wurm sie in Milch geleget und also lebendig in der Amtstube vorgezeiget, war etwa eines halben Fingers lang, konnte sich aber in die Länge von einander thun und zusammenziehen, an einem Ende spitzig am andern Ort dicke, und berichten folgendes, daß er am 3 Tage gestorben und die Milch ganz blau geworden).

Wenn nun sein Sohn darauf leben und sterben wollte, daß er den Gift sonst nirgends als aus dem Becher, welchen ihm Angeklagte gegeben, bekommen, so wollte er solches geklaget haben, mit Bitte, Obrigkeit wegen Einsehen zu thun, und fernerer Anzeige, daß nicht allein Angeklagten Mutter für eine offenbare Hexe gehalten, und beschuldiget worden, daß sie neben anderen zwei ihrer eigenen Kinder vergeben, also daß dieselben entzwei geborsten und man denselben Leber und Lungen im Leibe liegen sehen können; sondern auch Angeklagte selbst schon lange im Gerüchte gewesen, daß sie auch andere mehr vergeben.

Ankläger ward darauf erinnert, ob er auch beweisen könnte, daß Angeklagte ihm den Becher gereichet, daraus er vermeinte, den Gift bekommen zu haben, ob sie nicht den Becher erst ausgetrunken und wer ihn wieder eingeschenket?

Ankläger antwortete, wie auch der Patient selber, zu dem darum geschicket worden, daß Angeklagte dem Patienten zugetrunken, er aber weggangen, und gesaget, er hätte nicht Zeit, er müßte (als der Braut Bruder) auswarten und den Leuten einschenken. Eine gute Weile hernach, wie er wieder Vorbeigehen wollen, hätte sie ihn aus den Schooß niedergezogen und gesaget: Vorhin wolltest Du mir nicht Bescheid thun, nun sollst Du gleichwol eins mit mir trinken. Ich habe zwar jetzo keinen Becher, ich habe gleichwol einen in Bestellung. Inmittels hätte ein klein Mägdelein, so er vor sich stehen gehabt, ihn um eine Nuß angesprochen und als er dem Mägdelein Nüsse gegeben, und damit geredet, hätte sie den Becher gekrigt und ihm gereichet und ihn sehr genöthiget, daß er ihn austrinken und umkehren müssen. Wo sie ihn hergekrigt und wer ihn eingeschenket, hätte er nicht Acht gehabt.

Ferner gefraget: wer bei ihr gesessen und ob die solches nicht gesehen? berichtet, daß Kuneke Jäger nächst bei ihr gesessen und er, Patient, den Becher derselben wieder zugetrunken, welche, als sie darum zu Rede gestellet, berichtet, daß sie wol gesehen, und gehöret, daß Angeklagte dem Patienten zugetrunken, er aber weggangen, hiernach sie ihn beim Rocke gekrigt und niedergezogen auf ihren Schooß und gesaget, Vorhin wolltest Du nicht mit mir trinken, nun sollst Du mir gleichwol eins Bescheid thun; ich habe zwar keinen Becher, habe gleichwol einen in Bestellung. Nicht lange darnach hätte sie ihm einen Becher gereichet und ihn genöthiget, denselben auszutrinken. Woher sie aber den Becher gekrigt, und ob sie auch selbst vorher daraus getrunken, habe sie nicht gesehen. Sobald nun Schmidt den Trunk gethan, wäre er zum Haus hinausgangen.

Als man nun sich weiter erkundiget, daß Angeklagte auch sonsten berüchtiget, ist sie den 26 dieses vorbeschieden und ihr die Klage vorgehalten.

Illa constanter negavit, daß sie Heinrich Schmidt sollte zugetrunken haben, hätte ihn nicht einmal gesehen. Ja, sie wäre weder am Donnerstag noch am Freitag bei Tage zur Hochzeit gewesen, sondern am Freitag Abend, wie sie ihre Kühe gemolken und die Sonne schon untergangen, erst dahin gangen.

Wie sie nun beständig dabei verharret, ist Anklägern auferlegt, zu beweisen, daß Angeklagte am Freitag vor Abends zur Hochzeit gewesen. Zu dem Ende dann derselbe den Bräutigam Christian Grelle, Rolf Assling, Küneke Jäger und Anna Kramer ernennet, welche, nachdem sie vorgefordert, einhellig bezeuget, und Angeklagter in's Gesicht gesagt, daß sie bei gutem Tage und etwa um Ein Uhr da gewesen, gestalt denn der Bräutigam Christian Grelle sie willkommen geheißen, Rolf Assling, wie er etwa zwischen 1 und 2 Uhr dahin gekommen, sie sitzen gesehen, und Küneke Jäger und Anna Kramer gesehen, daß sie Heinrich Schmidt zugetrunken.

Derowegen, als sie nichts desto weniger bei ihrem Nein! verharret; und man Nachricht gehabt, daß auch mehr Leute sie da gesehen, ist sie gefänglich eingezogen und ihr auferleget, zu beweisen, daß sie den Freitag Nachmittag nicht zur Hochzeit, sondern anderswo gewesen.

Ob sie nun wohl Johann Meyering und Gerd Lünings Frau vorgeschlagen, so entschuldigen sich doch dieselben, daß sie nicht wissen noch sagen können, daß sie nicht sollte den Nachmittag dahin gewesen sein. Meyering habe sie wol gesehen gegen den Abend mit einem Bund Kohl ans dem Moorkamp kommen, aber wisse es nicht, an welchem Tage es gewesen. Die Lüning sagt, daß sie Angeklagte zwar am Freitag Nachmittag in ihrem Hause gesehen, sie auch von derselben gebeten worden, ihre Kühe auf den Abend mit einzubringen, auch gesehen, daß sie am Abend sich angethan und nach der Hochzeit gangen, ob sie aber vorher auch in zwischen da gewesen oder nicht, wisse sie nicht.

Den 28 dito erschien Angeklagten Ehewirth Sander Rövekamp vor dem Amte und hielt durch Ludeke Stickfort an, daß seine Frau, weilen sie nunmehr so weit berüchtiget wäre, und er keine Mittel hätte, viel darum zu verrathen, mögte aufs Wasser geworfen werden, würde alsdann sich ausweisen, was sie wäre.

Angeklagte hielt imgleichen darum an, derowegen solches verhänget und sie den 2 Novbr, weil man den Büttel nicht eher mächtig werden können, durch denselben zu dreien malen gebunden und los ausgeworfen worden. Aber hat geschwommen, wie eine Gans.

Ob sie nun wol darauf ernstlich vorgenommen, bedrohet und mit Vor- und Anlegung der Instrumente terriret und examiniret: wo sie den Becher hergenommen? wer ihn eingeschenket? was sie für Complices habe? wie lange sie die Kunst gekannt? Von wem sie dieselbe erlernet? so will sie doch von nichts wissen, sondern bleibt nochmals dabei, daß sie Heinrich Schmidt zur Hochzeit nicht gesehen, noch da bei Tage gewesen, geschweige, daß sie ihm sollte zugetrunken haben; sondern sie auf den Abend nach Sonnen-Untergang erst dahin gegangen, bittend, daß sie zum Beweise möge verstattet werden, daß sie am Freitag bei Tage nicht zur Hochzeit gewesen.

Als ihr nun solches nicht allein verwilliget, sondern sie auch vielfältig dazu ermahnet worden, hat man zuvörderst nöthig erachtet, Anklägers Zeugen eidlich und accuratins zu examiniren zu dem Ende beiliegende Interrogatoria aufgesetzet und nachfolgende Zeugen nach abgestattetem Zeugen-Eid darüber gehöret worden und haben deponiret:

TEST. I. Christian Grelle, des Patienten Heinrich Schmidt
Schwager.

1, Ob er am Freitage auf Christian Grelle Hochzeit in Joh. Schmidts Hause gewesen?

affirmat: er sei der Bräutigam gewesen.

2, Ob er an demselben Tage Sander Rövekamps Frau auch allda gesehen?

affirmat.

3, Um welche Zeit Tages er sie allda gesehen und ob ihm nicht bewußt, wann sie dahin gekommen?

Es sei etwa um 12 Uhr gewesen, wie sie dahin gekommen und hätte Zeuge sie vor der Thür willkommen geheißen und kurz zuvor wäre ihr Mann auch dahin gekommen.

4, Wie sie angethan gewesen?

Hätte sich nicht sonderlich angethan gehabt, sondern ihren täglichen Rock und ein schwarz Leibchen angehabt.

5, An welchem Ort im Hause sie gesessen?

Er hätte ihr eine Stätte, so ledig gewesen, fast mitten im Hause nach Lehnkerings Hause angewiesen.

6, Wer bei ihr gesessen?

Darauf hätte er nicht Acht gehabt, jedoch Kunneken Jäger erinnere er sich noch.

7, Ob er gesehen, da sie wieder weggangen?

Nescit.

8, Ob Zeuge gesehen, daß sie Heinrich Schmidt zugetrunken und auf den Schooß niedergezogen?

Nescit.

9, Ob es ein Becher oder Glas oder ein anderes Trinkgeschirr gewesen?

Cessat.

10, Ob er nicht gesehen, wo sie das Bier hergenommen?

Nescit.

11, Ob er gesehen, daß Heinrich Schmidt alsofort übel geworden, wie er den Trunk gethan und weggangen?

Nescit.

12, Um welche Stunde es gewesen?

Nescit.

13, Ob die Rövekamp nicht lange Jahre her der Zauberei wegen berüchtiget gewesen?

So lange er denken könne, sei sie sür eine Hexe gehalten.

14, Wodurch sie also berüchtiget worden?

Sei öffentlich dafür gescholten, auch angeklaget worden.

15, Ob sie nicht beschuldiget werde, daß sie mehr Leute vergeben?

Rabbe Sander habe sie beschuldiget, daß sie seine Frau in der Butter-Milch vergeben, deswegen sie vor der Amtstube gewesen, und Sanders Sohn sie geschlagen, daß sie Blut von ihr haben wollen. Habe auch wol von Wiecherding gehöret, daß Detert von Haferbeck ihm geklaget, daß Angeklagte seine Mutter vergeben.

16, Ob ihre Mutter nicht auch für eine Hexe gehalten und beschuldiget worden, daß sie neben anderen zween ihrer eigenen Söhne vergeben?

Habe es wol gehöret, aber selbst davon keine Wissenschaft.

TEST. 2. Johann Schmidt, Oheim des Patienten Schmidt
ad. 1. affirmat.
ad. 2. affirmat, und hätte Angeklagte noch mit ihm geredet und gesaget, sie wollte brauen, so sollten die Wandmacher zu ihr kommen und sich lustig machen, welches sein Vetter Heinrich Schmidt mit angehöret.
ad. 3. Sei zwischen 2 und 3 gewesen, reliquum nescit.
ad. 4. Sie hätte ihre besten Kleider angehabt, wie er nicht anders wisse.
ad. 5. Sie hätte mitweges im Hause gegen den Kälberstall nach Lehnkerings Hause gesessen.
ad. 6. Saget: Kunneke Jäger. Auf mehre habe er nicht Acht gehabt.
ad. 7—12. Non vidit ergo cessant.
ad. 13. affirmat.
ad. 14. 15. Wäre beschuldigt worden, daß sie über's Moor zwo Personen und allhier seine Wase Geesche Rövekamp vergeben, deren Sohn die Inhaftirte auf gegebenen Rath so lange geschlagen, bis er Blut von ihr gekrigt und solches seiner Mutter eingegeben.
ad. 16. nescit.

TEST. 3. Anna Kramer
ad. 1. affirmat.
ad. 2. desgl.
ad. 3. Eine Stunde oder anderthalb ungefähr am Nachmittage sei Zeuginn dahin gekommen. Da wäre Angeklagte schon da gewesen. Caeterum nescit.
ad. 4. Hätte ihr Sonntags-Leibchen angehabt, auf das übrige hätte sie nicht Acht gehabt.
ad. 5. Hätte fast mitten im Hause am Stender vor dem Kuhstall gesessen.
ad. 6. Saget: Kunneke Jäger hätte ihr von der Seiten, sie Zeuginn aber gegen ihr über an der anderen Seiten des Hauses gesessen.
ad. 7. non vidit.
ad. 8. Habe gehöret, daß sie Heinrich Schmidt gerufen und ihm zugetrunken, aber er wäre fortgangen und hätte gesaget, er hätte nicht Zeit. Daß sie ihm hernach ferner zugetrunken und ihn niedergezogen, hätte sie nicht gesehen.
ad. 9. 10. cessant.
ad. 11. Daß er den Trunk gethan, habe sie nicht gesehen, sondern ihn hernach in ihrem Hof liegend gefunden, und sich beklaget, daß ihm so übel wäre. Derowegen Zeuginn ihn ermahnet, er sollte in's Haus gehen

und sich auf's Bett legen, welches er auch gethan und gelegen, bis es finster geworden und, da er aufstehen wollen, hätte er geklaget, daß er die Finger in der Hand nicht regen könnte, und sei es ihm hinauf in die Schulter zogen.

ad. 12. Wie sie in den Hof gekommen, hätte Heinrich Schmidt gesaget, es hätte Zwei geschlagen.

ad. 13-16. nescit.

TEST. 4. Ehefrau Catharine Ruhase

ad. 1. 2. affirmat.

ad. 3. Um 1 Uhr sei Zeuginn dahin gegangen, da wäre Angeklagte noch nicht da gewesen; über eine halbe Stunde etwa hernach aber hätte sie dieselbe wol sitzen gesehen, aber nicht gesehen, wann sie hingekommen.

ad. 4. Hätte sich etwas aufgeflogen.

ad. 5. Mitweges im Hause aus der rechten Hand, wann man hineingehet.

ad. 6. Das habe sie nicht gesehen; Doch erinnere sie sich wol, daß die Jäger bei ihr gesessen.

ad. 7. 8. non vidit.

ad. 9-12. cessant.

ad. 13. affirmat.

ad. 14. Wäre beschuldiget worden, daß sie Geesche Rövekamp bezaubert, auch deswegen vor der Amtstube gewesen, und hätte der Rövekamp Sohn sie geschlagen, daß er Blut von ihr gekrigt.

ad. 15. nescit

ad. 16. desgl.

TEST. 5. Kunneke Jäger, Schwägerinn des Heinrich Schmidt

ad. 1. 2. affirmat

ad. 3 Nachmittags um 2 Uhr. Um Mittag wäre sie, Zeuginn, dahin gangen, und die Rövekamp etwa eine Stunde hernach ihr gefolget.

ad. 4. Hätte ihre Sonntagskleider angehabt.

ad. 5. Mitweges im Hause auf der Bank.

ad. 6. Sie, Zeuginn, und nächst ihr Cord Bischof's Frau, auf der anderen Seite Mette Schöttler und hätte Angeklagte noch zu ihr geredet.

ad .7. non vidit.

ad. 8. Ja, das habe sie wol gesehen.

ad. 9. Es sei ein Becher gewesen.

ad 10. Non vidit. Hätte aber, wie sie ihn aus den Schooß niedergezogen, keinen Becher gehabt, sondern gesagt: ich habe den vorigen Becher fortgetrunken, habe gleichwol einen wieder in Bestellung.

ad. 11. Heinrich Schmidt habe ihr, Zeuginn, wieder zugetrunken und, wie er den Becher einschenken lassen, und ihr überreichet, wäre er weggangen.

ad. 12. Es sei um 2 Uhr gewesen und wäre die Rövekamp noch nicht lange da gewesen, da sie ihm zugetrunken.

ad 13. affirmat.

ad. 14. Geesche Rövekamps Kinder hätten sie darum geschlagen, daß sie ihrer Mutter sollte was eingeben haben.

ad. 15. 18. Nescit.

TEST. 6. Rolf Assling

ad. 1. affirmat und sei etwa um 1 Uhr dahin kommen.

ad. 2. affirmat und sei schon da gewesen, wie er hingekommen.

ad. 3. wie ad. 2. um welche Zeit aber sie dahin gekommen, wisse er nicht.

ad. 4. nescit.

ad. 5. Mitwegs im Hause.

ad. 6-16. nescit und cessant.

Continuatio protocolli.

Nachdem der Verhafteten wie auch ihrem Ehewirth angedeutet, und vorgehalten, daß die, wider sie vorgeschlagene und abgehörte Zeugen einhellig jurato bejahet, daß sie, die Rövekamp, den Freitag Nachmittag zur Hochzeit gewesen, mit Ermahnen, solches nur in Güte zu gestehen, oder gewärtig zu sein, was zu Recht wider sie diesfalls würde erkannt werden, oder, da sie vermeinte, das contrarium zu beweisen, daß sie nicht da gewesen, Zeugen zu ernennen, und Artikel, woraus sie sollten gefraget werden, aufsetzen zu lassen, dieselbe aber keine Artikel übergeben, sondern nur die Namen der Zeugen eingesandt und angemeldet und gebeten, dieselben gleichfalls eidlich zu befragen, dann sie es sonsten nicht sagen wollten, als sind die benannten Zeugen den 9 Nobr vorgeladen, mit einem Zeugen-Eid beleget und haben auf die Interrogatoria geantwortet was folgt:

test. 1. Geesche Grelle, Schwägerinn des Patrenten Kokmiät, des Bräutigams Mutter

1, Ob Zeuginn am mittelsten Tage in Christian Grelle Hochzeit, nämlich am Freitag Mittag oder Nachmittag die Rövekamp irgend wo gesehen oder mit ihr geredet?

affirmat.

2, An welchem Ort?

In ihrem, der Rövekamp, Hause, wie sie da vorüber gangen, hätte ihr zugesprochen, ob sie auch nicht etwas hinkommen wollte, nämlich zur Hochzeit? Da hätte die Rövekamp geantwortet: ihr Mann wäre schon dahin, sie wollte auch kommen.

3, Um welche Stunde?

Das könne sie nicht sagen, die Sonne hätte noch hoch geschienen und bleibet dabei, ob sie gleich vielfältig deswegen erinnert.

4, Ob sie sagen könne, daß sie, die Rövekamp, am Freitag Nachmittag nicht in Johann Schmidt's Haus auf Grellen Hochzeit gewesen?

Könne es nicht sagen, denn sie wisse es nicht.

TEST. 2. Johann Ficke

ad. 1. affirmat; habe ihr gearbeitet und Plaggen auf ihr Haus gehangen.

ad. 2. In und bei ihrem Hause.

ad. 3. Die Stunde wisse er so eben nicht, sei Vormittags, da man das Morgenbrodt gegessen, dahin gekommen, und wol ein oder anderthalb Stunden da geblieben, so lange, daß er etwa 20 Plaggen aufgehangen, da habe die Rövekamp ihm zu essen gegeben und er wäre daraus wieder nach seines Wirths Hause zur Arbeit gangen.

ad. 4. Nescit.

TEST. 3. Wittwe Heilke Rövekamp

ad. 1. affirmat.

ad. 2. In ihrem, der Rövekamp, Hause, durch welches sie den Freitag Nachmittag wol dreimal gangen, um Wasser zu holen und anders zu verrichten und hätte mit ihr geredet.

ad. 3. Sei auf den Nachmittag gewesen, etwa um 2 bis 4 Uhr. ad. 4. Nescit.

TEST. 4. Wittwe Adelheid Rövekamp

ad. 1. Negat, habe sie nicht gesehen und gesprochen.

ad. 2. 3. cessant.

ad. 4. Das könne sie nicht sagen, sondern den Abend, wie schon Licht angezündet gewesen, wäre sie, Zeuginn, nach dem Hochzeitshause gangen, da hätte die Inhaftirte zu ihr gesaget, warum sie nicht eher gekommen? und wie Zeuginn die Ursache angedeutet, hätte sie geantwortet, ich bin gleichwol auch allererst gekommen; und hätte ihr zugetrunken.

TEST. 5. Meta Lüning
   ad. 1. affirmat.
   ad. 2. Die Rövekamp wäre bei ihr in ihrem, Zeuginn, Hause gewesen und hätte von den Plaggen geredet, daß sie die so bald auf's Haus gekrigt.
   ad. 3. Sei um Mittag ausgewesen, wie sie die Plaggen aufgehängt gehabt, die Stunde wisse sie so eben nicht. Hernach hätte sie ihre Dirne zu ihr geschickt und sie bitten lassen, sie mögte nach den Kühen gehen und die einholen, sie wollte nach den Kälbern gehen. Als Zeuginn nun mit den Kühen des Abends, da der Mond schon aufgangen, zu Haus gekommen, hätte sie gesehen, daß die Rövekamp was angezogen und nach der Hochzeit gehen wollen.
   ad. 4. Das könne sie nicht sagen.

TEST. 6. Anna Fincke
   ad. 1. negat.
   ad. 2. 3. cessant.
   ad. 4. Zeuginn habe die Rövekamp wol gesehen zur Hochzeit, aber nicht Acht gehabt, um welche Zeit; ihres Behaltens sei sie den Nachmittag schon da gewesen.

Dienstag den 14. ist Inhaftirte sammt ihrem Ehewirth wiederum vorgefordert, ihr das Examen beider Theil Zeugen vorgelesen und insonderheit ihr vorgehalten, was ein und anderer in specie mit ihr geredet, mit Ermahnen, annoch in Güte zu bekennen, daß sie am Freitag Nachmittag zur Hochzeit gewesen, zumalen ihre eigenen Zeugen mehr bezeuget, daß sie da gewesen als daß sie nicht sollte da gewesen sein. Woraus sie geantwortet, könnte zwar nicht leugnen, daß die eingezeugte Rede zwischen ihr und den Zeugen vorgefallen, aber nicht am Freitag bei Tage, sondern auf den Abend und des folgenden Tages am Sonnabend, und wann auch die ganze Welt zeugete, daß sie am Freitag vor Abends sollte zur Hochzeit gewesen sein, so wäre es doch nicht wahr. Sie hätte dessen ein gut Gewissen, wollte Gott trauen, der werde ihr aushelfen und wollte ihres Rechtes erwarten.

Ferner gefraget, ob sie dann auch etwas wider die Zeugen oder deren Aussage einzuwenden hätte?
Resp. Die Zeugen wären mehrentheils ihres Anklägers Verwandte.
Admonita: daß der Leute sich wol mehr befunden, welche sie am Freitag Nachmittag zur Hochzeit gesehen, wie sich dann verschiedene finden, bleibt sie doch bei ihrem Nein! und scheint ein hartes und ziemlich verschlagenes Weib zu sein.

in fidem protocolli

N. N.   N. N

act. no. 2.
(Instructorium)

Unser rc.

Angehängt habt Ihr die von Rinteln wegen Momcken Röve- kamp einkommene, Belehrung zu empfangen: worauf anstatt Serissmi rc. wir hiemit begehren, Ihr wollet vermöge solcher Erkenntniß gegen die Inhaftirte verfahren, dieselbe über beikommende interrogatoria vermittels der Tortur befragen, und deren Aussage zu fernerer Verordnung anhero gelangen lassen. Daran geschieht rc. Datum Zelle d. 9 Decbr. Anno 1654.

Fürstl. rc. Räthe

N. N.

act. no. 3.
(Urtheil)

Unser rc.

Als dieselbe uns die, wider Momcke Rövekamp ergangene Acta inquis. zugesandt und haben wir dieselben mit Fleiß verlesen, collegialiter wol erwogen und berichten für Recht: und ob denen wider-Inquisitinn vorhandenen und nach Nothdurft ersetzten Indiciis so viel erscheine, daß dieselbe zu Ergründung der Wahrheit mit scharfer peinlicher Frage über die, ihr schon vorhin vorgehaltene interrogatoria ziemlicher Maßen zu belegen, ihre Antwort und Bekenntniß mit Fleiß zu verzeichnen und ergeht darauf ferner was Rechtens. Von Rechtswegen. Geben Rinteln den 22 Novemb. anno 1654.

Der Herrn dienstwilliger
Dechand senior rc.

act. no. 4.

Fragestücke, worüber Momcke Rövekamp peinlich zu befragen.

1, Wie alt sie sei?

2, Wo und bei welchen Leuten sie sich zu jeder Zeit hin und wieder aufgehalten?

3, Was sie getrieben und wessen sie sich ernähret und erhalten?

4, Ob sie am Freitag den 13 Octbr. auf Christian Grelle Hochzeit gewesen?

5, Ob sie als andere Gäste dazu geladen oder aber für sich ungebeten dahin kommen?

6, Ob sie Johann Schmidt und seinen Sohn Heinrich Schmidt, der damaligen Braut Bruder, lange gekennet?

7, Was ihr Heinrich Schmidt oder sein Vater zu Leide gethan?

8, Bei wem sie allemal auf der Hochzeit und wie lange bei diesem Heinrich Schmidt gesessen?

9, Ob sie ihm einen Becher mit Bier zugetrunken?

10, Wer denselben Becher eingeschenket?

11, Woher und von wem sie solchen Becher empfangen?

12, Was sie mehr als Bier in solchen Becher gethan?

13, Ob sie nicht Heinrich Schmidt auf den Schooß bei dem Zutrinken solches Bechers nieder und zu sich gezogen?

14, Warum sie das gethan?

15, Ob sie dergleichen in das Bier und die Trinkgeschirre gethane Sachen auch mehren Leuten zu- und beigebracht?

16, Warum sie den Schmidt so hart genöthiget, den vermischten Trank auszutrinken?

17, Woher sie das Wenige, welches sie in den Becher gethan, genommen und erlanget?

18, Ob und wie viel Leute und Vieh sie mehr vergeben?

19, Was sie dazu gebrauchet und wie sie es mache?
20, Wer ihr solches gelehret?
21, Welche mehr mit ihr in dergleichen Sachen und Künsten umgehen?
22, Ob sie die Hexen-Kunst verstehe?
23, Wie lange sie solche getrieben?
24, Was sie dabei ausgeübet?
25, Ob sie Gott im Himmel verleugnen und, Gott sei mit uns! dem bösen Feinde angeloben müssen?
26, Was sie dazu bewogen?
27, Wie es zugangen?
28, Wie viel Schaden sie nach der Hand ausgerichtet?
29, Ob sie nicht auch Rabbe Sanders Hausfrau in der Buttermilch vergeben?
30, Ob er sie deshalb vor Amte verklaget und sie sein Sohn blutrünstig geschlagen?
31, Was sie zu solchem Vergeben gebrauchet? auch woher sie es genommen?
32, Ob sie auch nicht Detert von Haferbeck Mutter vergeben und womit, auch zu welcher Zeit und welchergestalt?

act. no. 5.

Antwort der Momcke Rövekamp, die sich in und bei der Tortur auf die ihr vorgehaltenen Fragen gethan.
am 30 December 1654.
ad. 1. Saget, sie wisse es nicht, vermeine, sei wol 40 Jahre alt.
ad. 2. Sei bei ihren Aeltern zum Lehmwege im Amte Vechta gewesen, bis sie nach Diepholz zu Berend Böning in Dienst gekommen, welchem sie 4 Jahre gedienet und ihr Mann habe sie da gefreiet vor ungefähr 26 Jahren.
ad. 3. Habe sich vom Ackerbau ernähret.
ad. 4. Am Freitag Abend, nachdem sie die Kühe gemolken, sei sie dahin gegangen.
ad. 5. Sei dazu geladen und Johann Grelle den Tag wol zweimal in ihr Haus gekommen und sie gebeten, hinzukommen.

ad. 6. So lange sie allhie gewohnet, hätte sie dieselbe wohl gekennet und wäre ihr Mann Gevatter zu dessen einem Sohn.

ad.7. Hätten ihr nichts zu Leide gethan, sie ihnen auch nicht.

ad. 8. Bei Kunneken Jäger habe sie gesessen und wäre Anneke Fincke aufgestanden, und hätte sie in ihre Stätte sitzen lassen. Christopher Müllers Frau hätte ihr an der anderen Seiten gesessen, Heinrich Schmidt aber hätte sie nicht gesehen.

ad. 9. Negat. Habe ihn nicht gesehen.

Ob ihr nun wol vielfältig und ernstlich vorgehalten worden, daß so viel Leute sie da gesehen und solches mit einem Eide betheuert, mit Bedrohung, so ist sie doch bei ihrem Nein! verharret, also, daß sie den Nachmittag zu Grellen Hochzeit nicht gewesen, noch Heinrich Schmidt allda gesehen. Die Zeugen, die das contrarium geschworen, hätten falsch geschworen und gelogen. Derowegen sie peinlich angegriffen worden, aber hat nichts bekennen wollen und ist nach wie vor bei ihrem Leugnen verblieben.

ad. 22. Sei keine Hexe, sondern ein fromm Christe und habe mit dem Teufel nichts zu thun.

ad. 29. 30. Sander Rövekamp hätte sie zwar beschuldiget, dessen Sohn sie auch geschlagen, derowegen sie vor das Amt gekommen, aber hätten ihr nichts überweisen können und wäre frei erkannt.

ad. 32. Sie möge den wol sehen, der ihr solches nachredete, es sollte ihm nicht geschenket werden.

N. N.

act. no. 6.
(Amtsbericht)

HochEdelgeboren rc.

Auf empfangenen Befehl haben wir die beschuldigter Vergiftung wegen eingezogene Momcke Rövekamp über die, uns zugefertigte, interrogatoria examiniret und peinlich verhöret. Aber ungeachtet sie ziemlich hart angegriffen worden, hat sie doch nichts bekennen wollen, sondern bleibt einen Weg wie den anderen beharrlich dabei, sie sei am Freitag bei Tage zu der Hochzeit nicht gewesen und habe Heinrich Schmidt zur Hochzeit nicht gesehen, geschweige, daß sie ihm sollte zugetrunken haben.

Ob nun wol das Weib von jedermann verdächtig gehalten wird, so haben wir doch keine neue indicia, ohne daß es in der Tortur eine Zeit lang eingeschlafen oder man keine Regung oder Bewegung bei ihm verspüret, der Büttel auch einmal auf dem Rücken bei ihm befunden, darin er eine Nadel gestecket, und das Weib es nicht empfunden.

Mit dem Knechte, den das Weib vergeben zu haben beschuldiget wird, bessert es sich; aber hingegen liegen 3 oder 4 andere, welche auch vergeben zu sein sich ansehen lasset, daß also des Ungeziefers sich nicht wenig hier befindet, und wol nöthig wäre, solches auszurotten, wann man nur recht dahinter kommen könnte.

Was nun dieses Weib bekennet und auf die interrogatoria geantwortet, das thun wir samt den Acten wieder übersenden Ew. rc. fernere Verordnung darüber unterdienstlich erwartend, beineben dieselbe in den Schutz und Hulde des allgütigen Gottes getreulich empfehlend.

Diepholz d. 4 Januarii 1655.
Ew. rc. Diener N. N. N. N.

act. no. 7.
(Instructorium)
Unser rc.

Euer Bericht samt dem über Momcke Rövekamp peinlicher Urgicht gehaltenen Protokoll ist allhier eingeliefert auch der abgehörten Zeugen Aussage anderweit verlesen worden. Weil sie nun vor und in der Tortur bei beständigem Verleugnen der Beschuldigungen und daß sie Heinrich Schmidt dasmal auf der Hochzeit nicht gesehen, verblieben, auch keine neue indicia, außerhalb das ein stigma aus ihrem Rücken, wie sie in der peinlichen Verhör eingeschlafen, befunden und die darin vom Scharfrichter gesteckte Nadel nicht gefühlet, vorhanden, als werdet Ihr sie, woher sie solches stigma bekommen, auch ob und warum sie die Nadel gar nicht empfunden, auch wie sie bei der Tortur einschlafen können, gütlich befragen, ihre Aussage darauf vorigen Acten beifügen, dieselbe zur Belehrung nochmals gen Rinteln und von dannen verschlossen anhero übersenden. Und wir seint Euch freundlich zu dienen und günstig zu willfahren geneigt. Datum Zelle den 17 Januarii anno 1655.

Fürstl. rc. Räthe

N. N.

act. no. 8.
(Verhör der Angeklagten)

Am 7 Februar anno 1655 ist einkommenem Befehl nach die Rövekamp vorgefordert und auf vorgehende nöthige Erinner- und Verwarnung vor fernerer Tortur befraget.

1, Woher sie das Mahl oder stigma auf dem Rücken, darein sie keine Empfindlichkeit und Fühlniß gehabt, bekommen? (dann sie mehre Narben und Mahle aus dem Rücken gehabt und darin die gesteckte Nadel wol fühlen können, aber in einem Mahl, darauf der Scharfrichter ein sonderlich Argwohn gehabt, die Nadel, ob er sie gleich darin gedrücket, nicht empfunden.)

Resp. Sie wisse von keinem andern Mahl, als welche sie von Schwären habe, deren sie auf einmal woll eilf und vornämlich auf dem Rücken gehabt, und theils wol 6 oder 7 Wochen offen gewesen wären.

2, Warum sie aber die Nadel nicht so wol in dem einen Mahl, als in den anderen empfunden oder gefühlet?

Resp. Hätte sie genug gefühlet, aber wäre zu sehr betäubt von dem Peinigen, daß sie ja nicht gewußt woraus noch ein.

3, Wie sie bei der Tortur einschlafen können?

Resp. Sie wäre nicht eingeschlafen, sondern beschwiemet, wie sic dann die Beschwiemniß oft pflege zu kriegen, wann ihr was schadete, wie man von ihren Nachbaren wol erfahren könnte.

N. N.

act. no. 9.

ein Schreiben des Amts Diepholz an die Juristen-Facultät in Rinteln, womit die Acten zu fernerer Belehrung eingesandt sind, ohne datum.

act. no. 10.
(Rescript)

Unser rc.

Angehängt thun wir Euch die Acta und von Rinteln eingeholete fernere Belehrung wegen Momcke Rövekamp, welche der Zauberei und veneficii bezüchtiget worden, wiederum zufertigen, anstatt Serissimi rc. begehrend, Ihr wollet solcher rechtlicher Belehr- und Weisung nach, ob Ihr etwas Ferneres an indiciis und Anzeigungen der
Hexerei in Erfahrung bringen könnet, möglichen Versuch thun; in Entstehung aber die Inhaftirte gegen die erkannte Caution der Ge- fängniß hinwieder erlassen.
Darnach Ihr Euch zu achten rc.
Neben Zelle d. 10 Martii 1655.

Fürstl. rc. Räthe

N. N.

act. no. 11.
(Urtheil)

Unser rc.

Als dieselbe uns was neben der Tortur ferner gegen Momcke Rövekamp inquirendo vorgangen zugesandt und hierüber was weiter vorzunehmen, unser rechtliches Bedenken erfordert, demnach haben wir dasselbe mit gebührendem Fleiß verlesen, collegialiter wol erwogen, und berichten für Recht, daß Inquisitinn noch zur Zeit mit fernerer Pein nicht zu belegen, sondern zuvörderst noch mehrer Anzeige und ob sie nicht über schon Angegebenes beschuldiget, möglichste Erkundigung anzulegen, wozu dienlich ihre Kisten und Laden zu besuchen, um zu vernehmen, ob verdächtige und Zauberei nach sich führende Sachen und instrumenta darin vorhanden, und nachdem deren Anzeige sich befinden, ergehet in pcto repetendae torturae, was Recht ist. Sollten aber keine fernere indicia sich ergeben, so ist inquisita gegen Kaution und dafern dieselbe nicht völlig kann durch Bürgen geleistet werden, nach, eidlicher Zusage de se

sistendo toties quoties und abgelegter Urphede ihrer Haft zu erlassen. Von Rechtswegen rc.
Geben Rinteln d. 29 Februarii aô 1655.

Der Herrn rc.

Dechand senior

rc.

act. no. 12.
(Registratur)

Es sind durch den Hausvoigt und Amtsknecht Johann Buck der Rövekamp Kasten und Laden durchgesuchet, die Nachbaren und Ankläger auch ermahnet, ob sie etwas ferner wider sie zu klagen hätten? Da haben sie zwar eins und anderes vorbracht, dann sie Schaden an ihrem Vieh auch ihren eigenen Leibern gehabt und hielten sie deswegen verdächtig, aber haben nichts beweisen können.

Folgen die Cautions-Urkunden und Urphede vom 9 Januarii 1655 und 28 Martii 1655.

No. V.

ACTA INQUISITIONIS

câ
Geesche Metten Othlings
in peto imputirter Hexerei
(1695)

act. no. 1.
(Denunciation)

Demnach ein Reuter von Jhro Churprinzl. Durchl. Compagnie Namens Staats Schaper verwichenen Dinstag als den 11 Junii 1695 früh Morgens zu mir Endesbenannten Pastor als seinem bisherigen Beichtvater mit weinenden Augen gekommen und herzlich geklaget, was gestalt sein Kind ein Mädchen von 11 Jahren bisher bekannter Maßen von Geesche Othlings leider hätte wollen zur Zauberei verführet werden, auch einfolglich gebeten, daß ich nicht allein sein Kind, sondern auch nebst demselben zugleich Arend Ripking's Kind dieserwegen hören und ihm darauf mit gutem Rath an die Hand gehen mögte, so habe demselben in solchem seinen christlichen Ansuchen zu willfahren nicht vorbei können. Habe demnach besagte beide Kinder mit beiderseits höchst betrübten und weinenden Aeltern in die Kirche an's Altar geführet und nach verrichtetem Gebet um Abwendung aller befürchtenden Seelen-Gefahr an Seiten der Kinder und um gnädige Erlösung aus jetzigen Anliegen an Seiten der Aeltern, auch nach geschehener ernster Vermahnung an die Kinder, daß sie nämlich auf ihr Gewissen mir anjetzo von denen bisher mit ihnen vorgenommenen Dingen ja nicht sollten zu viel sagen und davon nichts verschweigen, die Kinder nach einander vorgenommen, da dann des besagten Reuters Kind bekannt:

1, daß Geesche Othling von ihr zu verschiedenen malen Geld verlanget und solches denen Aeltern nur zu nehmen angetrieben rc.

2, daß es außer dieser Verleitung zum Diebstahl vor besagter Umquartirung von Geesche Othling nicht wäre angefochten worden.

3, daß es nach der Zeit einsmal wäre von Gesche Othling belehret worden ein Gebet zu beten, darin es Gott und seinen Aeltern absagte, Sonne, Mond und Sterne verschwöre und dagegen den Teufel für seinen Vater annähme, wobei sofort eine alte, an Kleidern und Gesicht schwarze Frau sich eingefunden, mit diesen Drohworten, daß, wofern es davon nachsagen würde, so würde ihm der Teufel den Hals zubrechen.

4, daß es nachmalen mit Gesche Othling hinausgegangen in die Masch, da dann Gesche Othling es befraget, ob es das Gebet noch könnte, welches es neulich gelernet? Wobei sich abermal eben bemeldete schwarze Frau mit wiederholten vorigen Drohworten eingefunden, darum es, wie auch auf die ersten Drohworte geschehen, die Hand von sich geben und von diesem Handel nichts nachzusagen angeloben müssen.

5, daß es einsmals von Gesche Othling wäre angemahnet worden, es sollte auf den Abend die Neben-Thür offen lassen, so wollte sie es in der Nacht abholen und mit sich hinausführen, welches alles auch also erfolget sei. Denn nachdem es auf solch Zureden die Nebenthür offen gelassen, wäre Gesche Othling in's Haus vor's Bett gekommen, hätte es nackend herausgeführet und ihm draußen die Kleider angezogen, darauf sie weiter fortgegangen und an der Hecke des Feldes die alte Ripking und Ripking's Kind angetroffen, mit welchem sie ferner fortgangen bis an den s. g. Klußbaum, allwo sie noch angetroffen unterschiedene unbekannte Leute, nämlich, so viel es hätte sehen können, fünf Männer, zwei Frauen, worunter auch die schwarze Frau gewesen, eine Dirne und ein Kind, davon der eine schwarze Mann sie alle sämtlich in die Ordnung gestellet und zwar die Männer voran, hiernächst Gesche Othling nebst besagter Dirne, folgends die Kinder, zuletzt die besagte schwarze Frau und die alte Ripking. In welcher Ordnung sie also um bemeldeten Baum herumgetanzet und nach geendigten Tanz gehöret, daß der eine schwarze Mann gesaget, sie, Kinder, sollten künftig wieder mitkommen; bei künftiger Zusammenkunft sollten sie gespeiset werden, darauf sie von einander gegangen, also, daß das eine unbekannte Kind mit etlichen nach St. Hülfe, andere nach Drebber und sie beiden Kinder mit der alten Ripking und Gesche Othling nach Heede gegangen.

6, daß es nach der Zeit zu Gesche Othling in's Backhaus gekommen, da Gesche Papier in den Händen gehabt, welches sie in der Hand zusammengedrückt und folgends auf die Erde gesetzt, daraus alsobald Mäuse geworden, welche im Backhause herum und zuletzt unter die Kiste gelaufen. Dabei sie, Gesche, gesagt: solchergestalt sollte es hinsüro auch Mäuse, ja alles, was es nur mit den Augen sehen würde, mit den Händen machen können. Und wenn es hinsüro vom Vater würde geschlagen werden, sollte es ihm im geringsten nicht wehe thun.

7, daß ihm Gesche Othling die Haare vorn auf dem Haupte dem Augenschein nach mit einer Scheere hätte abgeschnitten, dieselbe zusammengewickelt und hinter die Thür geworfen, sagend, sie wäre auch also beschoren.

8, daß es hinsüro, wenn es wollte Leute vergeben, nur sollte ein Butterbrodt nehmen und darauf ein Pulver, welches sie ihm geben wollte, streuen, damit sollte es andere Leute vergeben können.

Hierauf habe Arend Ripking Kind in Gegenwart dessen Aeltern gehöret, welches ausgesaget:

1, daß es einsmals hätte bei der Großmutter schlafen müssen, von welcher es wäre belehret worden, ein unbekanntes Gebet zu beten und darin Gott abzusagen, Sonne, Mond und Sterne abzuschwören rc. mit angehängter Bedrohung, wofern es solches Gebet nicht würde nachbeten und erlernen, so wollte sie es vom Bette in die finstere Kammer stoßen.

2, daß es einsmals in der Nacht von besagter Großmutter wäre aus dem Bett gehoben und hinausgetragen. Es bekräftigte auch wahrzusein, daß es eben da zu mal mit der Großmutter wäre laut no. 5 von Gesche Othling und des Reuters Kinde bei der Hecke angetroffen, item, daß sie in der Ordnung (wie des Reuters Kind bekannt) um den Klußbaum herum getanzet und darauf wieder zu Haus gegangen.

3, da es befraget worden, ob es nicht schon dem damals erschollenen Gerücht nach im Winter hätte in der Schulen zu St. Hülfe auf der Bank einige Zeichen gemachet, darauf allerhand seltsame

Dinge geworden, hat es zur Antwort gegeben: es hätte im Winter von der Großmutter einen leinen Lappen bekommen, mit welchem es in der Schule aus der Bank gerieben. Ob aber und was daraus geworden, da hätte es nicht nachgesehen.

Dieß ist also die Bekenntniß so bemeldete Kinder vor Mir in Gegenwart der beiderseits Aeltern gethan.

Hierzu kommt noch, daß heute am Freitag den 14 Junii obiger Reuter abermal zu mir gekommen, mit sich bringend sein Kind, mit Bitte, dasselbe nochmals der Sache halber vorzunehmen, und auf das schärfste zu eraminiren, weilen er versichert, daß es gegen mich noch nicht alles bekannt hätte, was bisher zwischen ihm und Gesche Othling vorgangen wäre. Demzufolge habe er das Kind zur Rede gestellet und von demselben vernommen:

1, daß es einsmals von Gesche Othling wäre belehret worden, Läuse zu machen, welches also zugegangen. Gesche Othling hätte sich selbst etliche große schwarze Körner aus einer kleinen Dose in die Hand gegossen, dabei etliche Worte gemurmelt, darauf alsobald die besagten schwarzen Körner in lauter Läuse verwandelt worden. Darauf habe auch sie Gesche Othling dem Kinde etliche dergleichen Körner in die Hand gethan und zu ihm gesagt, es sollte nur bei sich selbst diese Worte sagen: „Des Teufels seine Heiligen und des Teufels seine Lehre" so würden die Körner ebenfalls in Läuse verwandelt werden, welches auch also erfolgt sei.

2, daß es einsmals von Gesche Othling ein Stück Brodt mit ausgestreueten kleinen Körnern bekommen, mit der Lehre, es sollte nur davon des Wirths Gänseküken eingeben, so würden sie sterben, welches ebenfalls erfolgt, maßen es einem Gänseküken etwas eingegeben, welches gleich folgenden Tages gestorben.

Nächst diesem habe auch in dieses Kindes Gegenwart die vielerwähnte Gesche Othling, die eben damals zu mir gekommen, dieserwegen zu Rede gestellet, welche aber alles geleugnet rc.

Sothane Aussage und Bekenntniß der Kinder auch der Othling Verantwortung, weil sie von dem Reuter schriftlich verlanget worden, so habe ihm davon gegenwärtigen Schein ertheilen wollen. So geschehen zu Jacobi Drebber d. 14 Junii aô 1695.

N. N.

Pastor.

Die beiden gedachten Kinder sind in Folge obiger Anzeige gerichtlich vernommen, und ist ihre Aussage mit Bericht vom 22 Junii 1695 an die Oberbehörde zu weiterer Verfügung eingesandt.

In dem, hierauf erfolgenden Instructorio vom 5 Julii 1695 ist die abermalige Vernehmung der Kinder verordnet und dem Amte Diepholz ausgegeben, dem Reuter Stats Schaper zu untersagen, von der angegebenen Hexerei gegen andre Leute etwas weiteres zu gedenken, widrigenfalls mit unausbleiblicher Strafe wider ihn verfahrer werden würde.

Nachdem dieser Auflage Folge geleistet worden, erging schließlich

act. no. 2.

nachfolgende Verfügung:

Unser rc.

Es ist erhalten und verlesen, was Ihr wegen der, Gesche Metten Othling imputirter Hexerei aus unser, unterm 5 hujus an Euch abgelassenes Rescript verrichtet. Als wir nun daraus verstanden, daß sich nichts weiteres so besagte Othling graviren können, hervorgethan, sondern vielmehr alles dasjenige, so solcherwegen vorkommen, auf Kinder-Rede hinauslaufe, so begehren an rc. Statt wir an Euch hiemit, Ihr wollet bei dem Amte dahin sehen, damit die imputirte Zauberei den so ungebührlich Diffamirten nicht vorgeworfen werde, gestalt Ihr denn diejenige, so solchem Verbot zuwider handeln sollten, zu gebührender Strafe zu ziehen; den Reuter Stats Schaper aber belangend, falls derselbe etwas weiter von dem Hexen-Werk reden sollte, habt Ihr solches dessen Militair-Obrigkeit kund zu machen, damit er desfalls mit gehöriger Strafe angesehen werde. Gegeben Hannover am 30 Julii 1695.

Khurfürstl. rc. Räthe

N. N.

No. VI.

ACTA

betreffend:
Die Bestrafung der Wittwe Catharine Wöhler (Kuhlmann) zu Drebber, wegen an sich selbst versuchter Wasser-Probe, um sich von dem Verdacht der Hexerei zu befreien.
(1707)

act. no. 1.
(Anzeige)

Weilen ich gestern Abend spät benachrichtiget worden, daß die alte Kuhlmann in Drebber gestern unter der letzten Predigt sich nach des Herrn Forstmeisters Teich (zwischen Dickel und Cornau) verfüget, sich selbst mit einem Strick Hände und Füße gebunden und darauf auf das Wasser geworfen, da sie Johann Richter und Heinrich Buchtmann Aussage nach auf dem Wasser soll herum geflossen sein und zu Grunde nicht hätte kommen können, wie sie aber wieder vom Wasser gekommen, davon habe noch keine Nachricht erfahren können, als sie aber wieder zu Haus kommen und ihr Stiefsohn N. Kuhlmann wider selbige gesprochen, weilen sie sich in große Beschimpfung anitzo selbst gebracht, wollte er sie nicht wieder in's Haus nehmen, hätte die alte Kuhlmann in Beisein Joh. Richter's geantwortet, sie wollte es machen, daß sie die Hände darauf reiben sollten, und weilen ich auch Willens, nach Drebber zu gehen, als habe von dem Herrn Amtmann Nachricht einziehen wollen, ob nach dieser affaire weiter inquiriren und etwa das alte Weib an's Amt schicken soll? der ich inzwischen bin und verbleibe

Ew. rc. Diener

St. Hülfe N.   *N.*

d. 25 Julii 1707

act. no. 2.
(Verhör)

vom 20 August 1707

Heute in termino wurde weil. Johann Kuhlmann Wittwe, Catharine Wöhler, über folgende Artikel vernommen.

Wie sie mit Namen heiße und wie alt sie sei?

ad. 1. Catharine Wöhler, Johann Kuhlmann Wittwe, beinahe 70 Jahre alt.

Wie lange sie Wittwe gewesen?

ad. 2. Es wären beinahe 14 Jahre.

3, Ob sie am Sonntag vor Jacobi unter dem letzten Gottesdienst nach dem Forst-Teiche gegangen?

ad. 3. Affirmat. Sie meinte aber, der Gottesdienst wäre damals schon vorbeigewesen.

4, Warum sie nach dem Teich gegangen?

ad. 4. Sie hätte es deswegen gethan, damit, weilen den nächsten Tag das Markt in Drebber wäre, und den Sonntag vorher viele Leute beisammen wären, sie in solcher Leute Gegenwart ihre Unschuld und daß sie keine Hexe wäre, auf dem Wasser öffentlich darthun mögte.

5, Ob sie denn wirklich auf dem Wasser angeregten Tages gewesen?

ad. 5. affirmat.

6, Auf was Weise sie auf das Wasser und in den Teich wäre gekommen?

ad. 6. Sie hätte sich mit einem leinen Bande selbst die Füße zusammengebunden, imgleichen hätte sie um den Leib unter beide Arme einen Reep (Strick) gebunden, und dasselbe an einen, auf dem Ufer des Teiches stehenden, Ellern-Staude feste gemacht, mit welchem Reep sie von den Anwesenden hernach aus dem Wasser wieder gezogen werden könnte, und hätte sich also, wie solches geschehen, von dem Ufer selbst in's Wasser hinein gerollet.

7, Wie lange sie auf dem Wasser gewesen?

ad. 7. Das könnte sie eigentlich nicht sagen. Die dabei gewesenen Leute würden davon besser Nachricht geben können.

8, Ob sie dann aus dem Teiche geschwommen?

ad. 8. Negat, sondern sie hätte Hände und Füße auf der Erde gehabt?

9, Ob sie denn glaubte, daß, wann ein gebundener Mensch auf dem Wasser schwömme und nicht zu Grunde ginge, derselbe ein Zauberer wäre?

ad. 9. Das wüßte sie eigentlich nicht. Insgemein aber hielte man da-

für, daß die auf dem Wasser fließende und schwimmende Leute Hexen wären, und sageten ja die Leute, daß die Christen nur zu Grunde gingen.
10, Welcher gestalt sie aus dem Wasser wieder gekommen?
ad. 10. Sie wäre selber aus dem Wasser wieder gekrochen, als sie an einer im Wasser seienden Wurzel mit der Hand sich gehalten und hätte sich an das Ufer wieder gesetzet und die Füße wieder los gemacht.
11, Was für Leute zugegen gewesen wären, als sie sich im Teiche befunden?
ad. 11. Es wären sehr viele Leute, absonderlich jung Volk, zugegen gewesen, unter anderen aber hätte sie gesehen Joh. Hr. Pauley, und Jacob Behrens, welche sie davon kennete.
12, Wo sie dann geblieben, als sie aus dem Wasser gekommen?
ad. 12. Als sie ein wenig am Ufer gesessen, da wäre sie wieder nach Haus gegangen, in Meinung, es wäre nun alles wohl.

Hiernächst sind auch die Zeugen Behrens und Pauley vernommen und haben selbige die Aussage der rc. Kuhlmann bestätiget.

Nachdem mit Bericht vom 20 Aug. 1707 die Acten zu höherer Verfügung eingesandt worden, erfolgte

act. no. 3.

nachstehendes Rescript:

Unser rc.

Was Ihr wegen der Wittwe Cath. Kuhlmann unterm 20 hujus — berichtet, solches ist erhalten und Inhalts in mehrem verstanden. Wann nun aus gedachter Wittwe Knhlmann Bezeigungen fast nichts anderes zu schließen, als daß dieselbe närrisch und nicht bei Verstande sein müsse, so habt Ihr Euch dannenhero darnach mit Fleiß zu erkundigen und sowol davon, als auch ob bei gedachter Wittwe einige Mittel vorhanden, Euren pflichtmäßigen Bericht zu fernerer unserer Verordnung sordersamst anhero zu erstatten, rc. Geben Hannover am 29 Augusti 1707.

Churfürstl.rc. Räthe
N. N.

act. no. 4.

Amtsbericht vom 16 Sept. 1707, daß die Wittwe Kuhlmann eben nicht närrisch sei, aber bei ihr keine Mittel vorhanden seien.

act. no. 5.
(Urtheil)

Unser rc.

Wir haben rc. Wann nnn darauf befundenen Umständen nach, erkannt, daß gedachte Wittwe Kuhlmann wegen der, von ihr versuchten, abergläubischen Wasser-Probe mit fünftägiger Gefängniß zu bestrafen, so begehren — wir an Euch hiermit, Ihr wollet sothane 5tägige Gefängniß an besagter rc. Kuhlmann sordersamst nach der Gebühr vollstrecken lassen rc. Geben Hannover am 21 Septbr. 1707.

Churfürstl. rc. Räthe
N. N.

Die erkannte Gefängnißstrafe ist vom 10 bis inclus. 14 Octbr. 1707 an der rc. Kuhlmann vollzogen.

Anmerkung Das obige Urtheil giebt bereits ein erfreuliches Zeugniß von einer richtigeren Ansicht der Sache, wie sie von Chr. Thomasius angestrebt worden.

www.ingramcontent.com/pod-product-compliance
Lightning Source LLC
Chambersburg PA
CBHW031836230426
43669CB00009B/1369